ΒΙΒΛΙΟ ΜΑΓΕΙΡΙΚΗΣ ΤΑ ΠΑΝΤΑ ΤΣΙΛΙ

Ανακαλύψτε τον πλούσιο και πικάντικο κόσμο του τσίλι με αυτές τις λαχταριστές 100 συνταγές με βοδινό, κοτόπουλο, χορτοφαγικό, βίγκαν και άλλα

Σάββας Μητσοτάκης

ΠΙΝΑΚΑΣ ΠΕΡΙΕΧΟΜΕΝΩΝ

ΕΙΣΑΓΩΓΗ

Το τσίλι είναι το απόλυτο comfort food - είναι ζεστό, πικάντικο και πάντα χορταστικό. Είτε προτιμάτε το τσίλι σας ήπιο είτε ζεστό, με φασόλια ή χωρίς, υπάρχει μια συνταγή για όλους.

Σε αυτό το βιβλίο μαγειρικής, είμαστε ενθουσιασμένοι που μοιραζόμαστε 100 νόστιμες και μοναδικές συνταγές τσίλι που σίγουρα θα εντυπωσιάσουν. Από το κλασικό μοσχαρίσιο τσίλι μέχρι τις χορτοφαγικές επιλογές όπως η γλυκοπατάτα και το τσίλι μαύρου φασολιού, έχουμε κάτι για όλους.

Οι συνταγές μας είναι εύκολο να ακολουθηθούν, με οδηγίες βήμα προς βήμα και χρήσιμες συμβουλές για να διασφαλίσετε ότι τα πιάτα σας γίνονται τέλεια κάθε φορά. Θα μοιραστούμε επίσης κάποιες βασικές πληροφορίες για το τσίλι και την ιστορία του, καθώς και συμβουλές για να κατακτήσετε τις μοναδικές γεύσεις και τεχνικές που κάνουν αυτό το πιάτο τόσο ξεχωριστό.

Ελάτε λοιπόν σε αυτό το ταξίδι για να ανακαλύψετε την τέχνη του τσίλι. Με τις 100 συνταγές μας, θα μπορείτε να ζεστάνετε τις γεύσεις σας και να εντυπωσιάσετε τους φίλους και την οικογένειά σας με τις γαστρονομικές σας δεξιότητες.

Σε αυτό το βιβλίο μαγειρικής, θα βρείτε:

- ✓ Κλασικές συνταγές μοσχαρίσιου τσίλι
- ✓ Συνταγές με κοτόπουλο, γαλοπούλα και χοιρινό τσίλι
- ✓ Συνταγές για χορτοφάγους και vegan τσίλι
- ✓ Συνταγές τσίλι με φασόλια και χωρίς
- ✓ Μοναδικές ανατροπές σε παραδοσιακά αγαπημένα
- ✓ Συμβουλές για την τελειοποίηση των τεχνικών μαγειρέματος τσίλι
- ✓ Πληροφορίες για την ιστορία και τον πολιτισμό του τσίλι
- ✓ Λαχταριστές φωτογραφίες από κάθε πιάτο

Και τόσα άλλα! Έτσι, είτε θέλετε να εντυπωσιάσετε τους καλεσμένους του δείπνου σας είτε απλά να απολαύσετε μερικά πλούσια και πικάντικα γεύματα, αυτό το βιβλίο μαγειρικής είναι για εσάς..

1. Λευκό τσίλι

ΣΥΣΤΑΤΙΚΑ:

- 1 κουταλιά της σούπας λάδι καρύδας
- 1 μέτριο κρεμμύδι, ψιλοκομμένο
- 3 σκελίδες σκόρδο, λιωμένες
- 1 (4-oz) κουτί ψιλοκομμένες πράσινες πιπεριές τσίλι
- 8 ουγγιές μανιτάρια, κομμένα σε φέτες
- 2 κουταλάκια του γλυκού αλεσμένο κύμινο
- 1 κουταλάκι του γλυκού αποξηραμένη ρίγανη
- 4 φλιτζάνια ζωμός από κόκαλα κοτόπουλου (2 χαρτοκιβώτια)
- 4 φλιτζάνια μαγειρεμένη γαλοπούλα, κομμένη σε κύβους
- 2 (15-oz) κονσέρβες λευκά φασόλια (υπέροχα βόρεια, κανελίνια ή ρεβίθια)
- 1 φλιτζάνι τριμμένο τυρί Monterey Jack
- Φύλλα φρέσκου μαϊντανού για γαρνίρισμα

ΟΔΗΓΙΕΣ:

a) Ζεσταίνουμε το λάδι σε μια μεγάλη κατσαρόλα σε μέτρια φωτιά.

b) Προσθέστε το κρεμμύδι και το σκόρδο. Μαγειρέψτε σιγά σιγά μέχρι να μυρίσει.

c) Ανακατέψτε τις πράσινες πιπεριές τσίλι, τα μανιτάρια, το κύμινο και τη ρίγανη. Συνεχίστε να μαγειρεύετε και ανακατεύετε το μείγμα μέχρι να μαλακώσει, περίπου 3 λεπτά.

d) Προσθέστε ζωμό από κόκαλα, γαλοπούλα και λευκά φασόλια. Σιγοβράζουμε για 15 λεπτά, ανακατεύοντας κατά διαστήματα.

e) Πιάτο το τσίλι. Προσθέτουμε το τυρί και γαρνίρουμε με φύλλα μαϊντανού. Απολαμβάνω!

2.   One-Pot Turkey Chili Mac

ΣΥΣΤΑΤΙΚΑ:

- 1 κουταλιά της σούπας λάδι καρύδας
- 1 κιλό αλεσμένη γαλοπούλα
- ½ κουταλάκι του γλυκού αλάτι kosher
- ¼ φλιτζανιού κρεμμύδι, κομμένο σε κύβους
- 2 κοτσάνια σέλινο, κομμένα σε κύβους
- ½ φλιτζάνι πιπεριά, κομμένη σε κύβους
- 4 φλιτζάνια ζωμός από κόκαλα κοτόπουλου (2 χαρτοκιβώτια)
- 1 (16-oz) βάζο μεσαίου πάχους και χοντρή σάλσα
- 1 (15-16 oz) κουτί κόκκινα φασόλια με μειωμένο νάτριο, στραγγισμένα
- 1 (1,25-oz) πακέτο μίγμα καρυκευμάτων τσίλι
- 8 ουγγιές μακαρόνια αγκώνα
- 2 ουγγιές τυρί τσένταρ, κομμένο σε κύβους
- 1 κονσέρβα (8 oz) χωρίς αλάτι σάλτσα ντομάτας
- Φύλλα μαϊντανού για γαρνίρισμα

ΟΔΗΓΙΕΣ:

a) Ζεσταίνουμε το λάδι σε μια μεγάλη κατσαρόλα σε μέτρια προς δυνατή. Τοποθετούμε την αλεσμένη γαλοπούλα στο τηγάνι και αλατίζουμε. Μαγειρέψτε 3-4 λεπτά, χρησιμοποιώντας τη σπάτουλα σας για να θρυμματίσετε το κρέας.

b) Προσθέστε το κρεμμύδι, το σέλινο και την πιπεριά, μαγειρέψτε για άλλα 2 λεπτά μέχρι να ψηθεί η γαλοπούλα. Προσθέστε το ζωμό, τη σάλσα, τα φασόλια και το μείγμα καρυκευμάτων. Αφήστε να πάρει μια βράση.

c) Ανακατέψτε τα ζυμαρικά? μαγειρέψτε για 8 λεπτά, ανακατεύοντας κατά διαστήματα. Εν τω μεταξύ, κόψτε το τυρί σε μικρούς κύβους. Ρίξτε τη σάλτσα ντομάτας και μαγειρέψτε για 1 λεπτό ακόμα. Σερβίρετε το τσίλι με τυρί και μαϊντανό.

3.   Χορταστικό τσίλι κολοκύθας

Κάνει: 4 μερίδες

ΣΥΣΤΑΤΙΚΑ:
- 2 κουταλιές της σούπας λάδι
- 1 μεγάλο κρεμμύδι, ψιλοκομμένο
- 15 ουγγιές κουτί φασόλια
- 2 σκελίδες σκόρδο
- 15 ουγγιές μπορεί ολόκληρο το καλαμπόκι, στραγγισμένο και ξεπλυμένο
- 1 κουταλιά της σούπας τσίλι σε σκόνη
- 15 ουγγιές κονσέρβα ντομάτες κομμένες σε κύβους, με χυμούς
- 1 κουταλάκι του γλυκού αλεσμένο κύμινο
- 15 ουγγιές κουτάκι πουρέ κολοκύθας
- ½ κουταλάκι του γλυκού μαύρο πιπέρι
- 1 ½ φλιτζάνι νερό ή ζωμός
- 1 κουταλάκι του γλυκού αλάτι

ΟΔΗΓΙΕΣ:
a) Σε ένα σουρωτήρι, ξεπλένουμε και στραγγίζουμε τα φασόλια και το καλαμπόκι.

b) Ζεσταίνουμε το λάδι σε μια μεγάλη κατσαρόλα σε μέτρια προς δυνατή φωτιά. Προσθέστε κρεμμύδια.

c) Μαγειρέψτε, ανακατεύοντας συχνά, μέχρι να μαλακώσουν.

d) Προσθέστε το σκόρδο. Μαγειρέψτε για 1 λεπτό, ανακατεύοντας συνεχώς.

e) Προσθέστε τις ντομάτες και τους χυμούς τους, την κολοκύθα, το νερό, τη σκόνη τσίλι, το κύμινο, το σκόρδο/κρεμμύδι σε σκόνη, αλάτι και πιπέρι. Αφήστε να πάρει μια βράση. Μειώστε τη θερμότητα στο χαμηλό. Προσθέστε τα φασόλια και το καλαμπόκι.

f) Σκεπάζουμε και μαγειρεύουμε, ανακατεύοντας, για 15-20 λεπτά.

4. Τσίλι ελαφιού

ΣΥΣΤΑΤΙΚΑ:

- ½ κιλό pinto ή κόκκινα φασόλια
- 4 λίβρες. χοντροκομμένο κρέας ελαφιού (λαιμός, πλευρό, πιάτο, ψαρονέφρι, στρογγυλό, πίσω, κότσι) 1½ τ. σπόρος κύμινου
- ½ γ. ψιλοκομμένο σουέτ ή χοίρους κομμένο σε λωρίδες ζουλιέν
- 6 κρεμμύδια καλού μεγέθους, ψιλοκομμένα
- 2-4 σκελίδες σκόρδο, ψιλοκομμένες
- 1 t. ρίγανη
- 3 Τ. φρέσκο τσίλι σε σκόνη
- 1 μεγάλη κονσέρβα ιταλική ντομάτα καθαρισμένη
- 1 μικρό κουτάκι πράσινα τσίλι
- Αλατοπίπερο
- Σάλτσα Dash of Tabasco (προαιρετικά)
- 2 Τ. instant masa harina ή Polenta

ΟΔΗΓΙΕΣ:

a)   Πλένουμε τα φασόλια, τα σκεπάζουμε με φρέσκο κρύο νερό, τα αφήνουμε να βράσουν και σιγοβράζουμε για 2 λεπτά. αφήνουμε να σταθεί καλά σκεπασμένο για 1 ώρα. Προετοιμάστε το κρέας (τα κομμάτια μαγειρέματος είναι καλύτερα αν είναι χωρίς λιπαρά) κόβοντας σε κύβους 1 ίντσας.

b)   Βάλτε τους σπόρους κύμινου σε ένα τηγάνι σε μέτρια φωτιά και κρατήστε τους σε κίνηση μέχρι να καπνίσουν και να πάρουν το χρώμα του τοστ. στη συνέχεια τα απλώνουμε σε μια επίπεδη επιφάνεια και τα θρυμματίζουμε με τον πλάστη. Τώρα λιώστε το σουέτ ή την κοιλιά σποράς σε ένα μεγάλο τηγάνι. μπορείτε να αντικαταστήσετε αρκετό φυτικό λάδι ή άλλο λίπος για να καλύψετε τον πάτο του τηγανιού, αλλά θα χάσετε τη γεύση του κρέατος.

c)   Μόλις γίνει το λίπος ή αρχίσει να τσιτσιρίζει, προσθέστε κομμάτια κρέατος λίγα κάθε φορά και σοτάρετε, γυρίζοντας κύβους για να σφραγιστούν όλες οι πλευρές.

d)   Χαμηλώνουμε τη φωτιά και προσθέτουμε τα κρεμμύδια και το σκόρδο, ανακατεύοντας κατά διαστήματα μέχρι τα κρεμμύδια να γίνουν διάφανα. Προσθέστε ξεραμένο σπόρο κύμινου, ρίγανη και την πιο φρέσκια σκόνη τσίλι που μπορείτε να πάρετε.

ανακατεύουμε για να καλύψουμε το κρέας με καρυκεύματα, προσθέτουμε τις ντομάτες και τα πράσινα τσίλι και αφήνουμε να βράσει και στη συνέχεια χαμηλώνουμε τη φωτιά για να σιγοβράσει.

e)   Φέρτε τα μουλιασμένα φασόλια να βράσουν ξανά και αφήστε τα να φουσκώσουν σχεδόν ανεπαίσθητα μέχρι να μαλακώσουν - 30 λεπτά έως μία ώρα, ανάλογα με τα φασόλια.

f)   Εν τω μεταξύ, παρακολουθήστε το μείγμα του κρέατος για να δείτε ότι δεν στεγνώνει πολύ, προσθέτοντας νερό ή ζωμό όσο χρειάζεται για να διατηρήσετε μια μάλλον ρευστή σύσταση. Δοκιμάστε το καρύκευμα, προσθέτοντας αλάτι και πιπέρι, αν χρειάζεται, και μια δόση Ταμπάσκο όπως ορίζουν οι γευστικοί σας κάλυκες.

g)   Μετά από περίπου 1½ ώρα (ο χρόνος θα εξαρτηθεί από την ποιότητα και τη σκληρότητα των τεμαχίων ελαφιού) δοκιμάστε το κρέας. Εάν είναι τρυφερό, αφαιρέστε το περιττό λίπος - ή βάλτε το στο ψυγείο όλη τη νύχτα για να αφήσετε το λίπος να πήξει για εύκολη αφαίρεση. Προσθέστε masa harina για να πήξει.

h)   Έπειτα, συνδυάστε το τσίλι με τα μαγειρεμένα φασόλια, επαναφέρετε σε σημείο βρασμού και αφήστε τις γεύσεις να ενωθούν για άλλα 30 λεπτά.

5. Πίτα γαλοπούλας τσίλι με πολέντα

Κάνει: 8

ΣΥΣΤΑΤΙΚΑ:
- 6 κουταλιές της σούπας λάδι κανόλα
- ¾ φλιτζάνι αλεύρι για όλες τις χρήσεις
- 2 κουταλάκια του γλυκού μπέικιν πάουντερ
- 1 αυγό, χτυπημένο
- 1 κρεμμύδι, ψιλοκομμένο
- ¾ φλιτζάνι εκλεκτή πολέντα
- 2 σκελίδες σκόρδο, ψιλοκομμένες
- 1 ½ κουταλάκι του γλυκού αλάτι kosher
- Σπρέι μαγειρικής
- 2 κονσέρβες (14,5 ουγκιές) ντομάτες ψητές στη φωτιά, χωρίς στραγγί
- 1½ κιλό άπαχη αλεσμένη γαλοπούλα
- 4 ουγγιές αιχμηρό τυρί Cheddar, τριμμένο
- 1 φλιτζάνι ανάλατος ζωμός κοτόπουλου
- 2 κουταλιές της σούπας τσίλι σε σκόνη
- Φύλλα φρέσκου κόλιανδρου
- Δοχείο 15 ουγγιών μαύρα φασόλια, στραγγισμένα και ξεπλυμένα
- ¾ φλιτζάνι γάλα 2% με μειωμένα λιπαρά

ΟΔΗΓΙΕΣ:

a)   Σε ένα τηγάνι ζεσταίνουμε 2 κουταλιές της σούπας λάδι.

b)   Προσθέστε τη γαλοπούλα και τα κρεμμύδια και σοτάρετε μέχρι να ροδίσουν για περίπου 7 λεπτά.

c)   Προσθέστε το σκόρδο, τη σκόνη τσίλι και 1 κουταλάκι του γλυκού αλάτι, για περίπου 1 λεπτό.

d)   Μεταφέρετε σε κατσαρόλα που έχει ψεκαστεί με μαγειρικό σπρέι.

e)   Ανακατεύουμε τις ντομάτες, τον ζωμό και τα φασόλια μέχρι να ενωθούν καλά.

f)   Κοσκινίζουμε το μπέικιν πάουντερ, το αλεύρι, την πολέντα και το υπόλοιπο αλάτι.

g)   Προσθέστε το αυγό, το γάλα, το τυρί και το υπόλοιπο λάδι canola για να φτιάξετε ένα κουρκούτι.

h)   Ρίχνουμε το κουρκούτι Πολέντα πάνω από το μείγμα της γαλοπούλας στο slow cooker. Μαγειρέψτε για 4 ώρες και 30 λεπτά.

6.   Γκρατέν γλυκοπατάτας τσίλι

Κάνει: 6 μερίδες

ΣΥΣΤΑΤΙΚΑ:
- 2 κονσέρβες (10 ουγκιές) ήπια σάλτσα enchilada (2 φλιτζάνια)
- 1 φλιτζάνι Νερό
- 2 μεγάλα σκόρδα
- Γαρίφαλο; ψιλοκομμένο και πολτοποιημένο σε πάστα
- 5 μεγάλες γλυκοπατάτες; (περίπου 3 1/2 λίβρες)
- 1⅓ φλιτζάνι τυρί Monterey Jack χοντροτριμμένο. (περίπου 6 ουγγιές)

ΟΔΗΓΙΕΣ:
a) Προθερμάνετε το φούρνο στους 375 F. Σε μια μεγάλη κατσαρόλα σιγοβράζουμε τη σάλτσα enchilada, το νερό και το σκόρδο με αλάτι για γεύση, ανακατεύοντας κατά διαστήματα, για 5 λεπτά.

b) Καθαρίζουμε τις πατάτες και τις κόβουμε σταυρωτά σε φέτες πάχους ⅛ ίντσας. Σε ένα γκρατέν 3 λίτρων ή σε ένα ρηχό ταψί στρώστε το ένα τέταρτο των πατατών σε ομόκεντρους κύκλους, επικαλύπτοντας ελαφρά και πασπαλίστε με ⅓ φλιτζάνι τυρί. Συνεχίστε να στρώνετε τις υπόλοιπες πατάτες και το τυρί με τον ίδιο τρόπο, τελειώνοντας με τυρί.

c) Ρίξτε τη σάλτσα σιγά-σιγά πάνω από τις πατάτες, αφήνοντάς τη να διαρρεύσει ανάμεσα στις στρώσεις και ψήστε το γκρατέν σε ένα ρηχό ταψί (μπορεί να βγάζει φουσκάλες) στη μέση του φούρνου για 1 ώρα ή μέχρι να μαλακώσουν οι πατάτες.

d) Το γκρατέν μπορεί να παρασκευαστεί 2 ημέρες πριν και να παγώσει, σκεπασμένο.

e) Ζεσταίνουμε ξανά το γκρατέν, σκεπασμένο, στο φούρνο.

7. Τσίλι ντομάτας με κρέας καρυδιών Taco

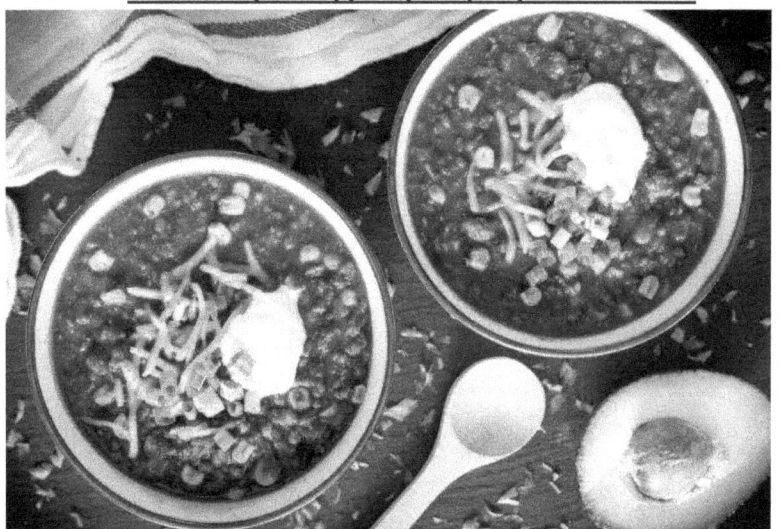

Κάνει: 4 μερίδες

ΣΥΣΤΑΤΙΚΑ
3 κούπες ντομάτες με σπόρους και ψιλοκομμένες
1 φλιτζάνι σπόρια και ψιλοκομμένη, ανάμεικτη κόκκινη και πράσινη πιπεριά
¼ φλιτζάνι ψιλοκομμένο σέλινο
¼ φλιτζάνι κίτρινο κρεμμύδι ψιλοκομμένο
1/3 φλιτζάνι μανιτάρια ψιλοκομμένα (οποιουδήποτε τύπου)
1/3 φλιτζανιού κόκκους καλαμποκιού
1 κουταλάκι του γλυκού ψιλοκομμένο σκόρδο
2 κουταλάκια του γλυκού σκόνη τσίλι
1 κουταλάκι του γλυκού αλεσμένο κύμινο
¾ κουταλάκι του γλυκού αποξηραμένη ρίγανη
¼ κουταλάκι του γλυκού θαλασσινό αλάτι
1 συνταγή Taco Nut Meat

ΟΔΗΓΙΕΣ
Σε ένα μπολ βάζουμε όλα τα υλικά και ανακατεύουμε καλά. Μεταφέρετε το ένα τρίτο του μείγματος σε ένα μπλέντερ υψηλής ταχύτητας και κάνετε πουρέ. Τοποθετήστε ξανά τον πουρέ στον κάδο του μίξερ.
Για να σερβίρετε, μοιράστε σε τέσσερα μπολ σερβιρίσματος. Γεμίστε κάθε μερίδα με Taco Nut Meat και απολαύστε.

8. Τσίλι με φασόλια και κοτόπουλο

Κάνει: 8-10

ΣΥΣΤΑΤΙΚΆ:
- Στήθη κοτόπουλου 1 κιλού, χωρίς κόκαλα και δέρμα
- 2 κουταλιές της σούπας ελαιόλαδο (εξαιρετικό παρθένο)
- 1 μέτριο κρεμμύδι σε κυβάκια
- 2 σκελίδες σκόρδο
- 2 κονσέρβες (15 ουγγιές το καθένα) φασόλια, στραγγισμένα και ξεπλυμένα
- 1 φλιτζάνι φρέσκα ή κατεψυγμένα κουκούτσια καλαμποκιού
- 1 4 ουγγιές μπορούν να ψιλοκόψουν πράσινα τσίλι
- ⅛ κουταλάκι του γλυκού πιπέρι καγιέν
- 3 φλιτζάνια νερό
- 2 φλιτζάνια τριμμένο τυρί Monterey Jack
- 2 κουταλιές της σούπας φρέσκο κόλιανδρο, ψιλοκομμένο
- 2 κουταλάκια του γλυκού τσίλι σε σκόνη
- 2 κουταλάκια του γλυκού αλεσμένο κύμινο

ΟΔΗΓΊΕΣ:
a) Τρίψτε το κοτόπουλο με αλάτι και πιπέρι.
b) Ζεσταίνουμε το λάδι σε ένα τηγάνι σε δυνατή φωτιά, προσθέτουμε τα κομμάτια του κοτόπουλου και μαγειρεύουμε, ανακατεύοντας, μέχρι να ροδίσουν.
c) Χαμηλώνουμε τη φωτιά και προσθέτουμε το κρεμμύδι και το σκόρδο.
d) Μαγειρέψτε, ανακατεύοντας περιστασιακά, για 5-6 λεπτά ή μέχρι το κρεμμύδι να γίνει ημιδιαφανές.
e) Προσθέστε τα φασόλια, το καλαμπόκι, τις πιπεριές, τα μπαχαρικά και το νερό.
f) Αφήστε να πάρει μια βράση, στη συνέχεια χαμηλώστε τη φωτιά και μαγειρέψτε, ακάλυπτα, για 1 ώρα.
g) Πασπαλίζουμε κάθε μερίδα με μια κουταλιά τυρί και λίγο κόλιαντρο.

9. Άγριο ρύζι και ντιπ τσίλι

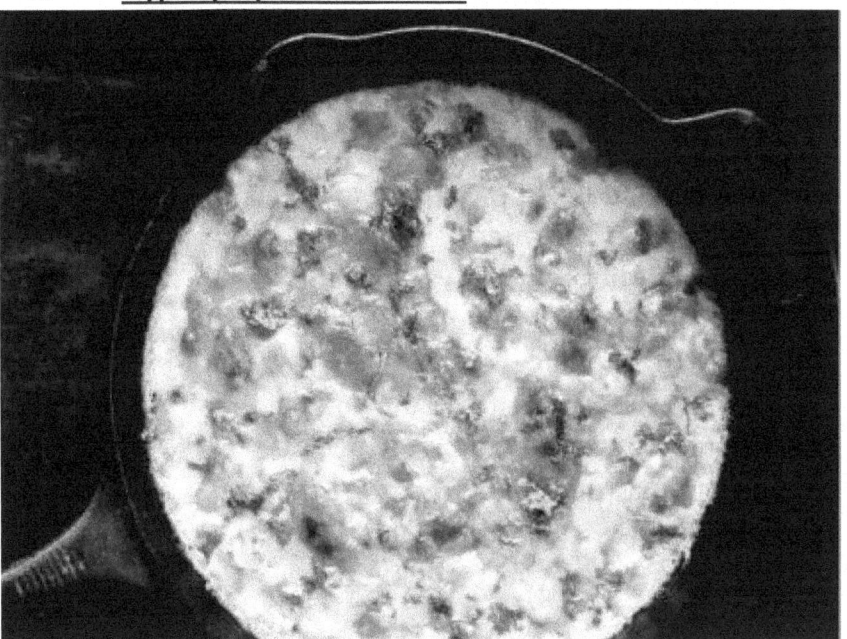

Κάνει: 4 έως 6 μερίδες

ΣΥΣΤΑΤΙΚΑ:
- 12 ουγγιές μαγειρεμένες φακές
- 1/4 φλιτζάνι ζωμό λαχανικών χωρίς μαγιά
- 1/4 φλιτζάνι ψιλοκομμένη πράσινη πιπεριά
- 1/2 σκελίδα σκόρδο, πιεσμένη
- 1 φλιτζάνι ντομάτες κομμένες σε κύβους
- 1/4 φλιτζάνι κρεμμύδι ψιλοκομμένο
- 2 ουγγιές τυρί κρέμα
- 1/2 κουταλιά της σούπας τσίλι σε σκόνη
- 1/2 κουταλάκι του γλυκού κύμινο
- 1/4 κουταλάκι του γλυκού θαλασσινό αλάτι
- Πάπρικα παύλα
- 1/2 φλιτζάνι μαγειρεμένο άγριο ρύζι

ΟΔΗΓΙΕΣ
a) Σε μια μικρή κατσαρόλα βράζουμε τις φακές και το ζωμό λαχανικών.

b) Προσθέστε τα κρεμμύδια, την πιπεριά, το σκόρδο και τις ντομάτες και μαγειρέψτε για 8 λεπτά σε μέτρια φωτιά.

c) Σε ένα μπλέντερ, ανακατεύουμε το τυρί κρέμα, τη σκόνη τσίλι, το κύμινο και το θαλασσινό αλάτι μέχρι να ομογενοποιηθούν.

d) Συνδυάστε το ρύζι, το μείγμα τυριών κρέμας και το μείγμα λαχανικών φακών σε ένα μεγάλο μπολ και ανακατέψτε καλά.

10. <u>Chili con Carne</u>

ΣΥΣΤΑΤΙΚΑ:

- Κιμάς/μοσχάρι 500 γρ
- 1 μεγάλο κρεμμύδι ψιλοκομμένο
- 3 Σκελίδες Σκόρδο
- 2 κονσέρβες ντομάτες ψιλοκομμένες 400 γρ
- Στύψτε τον πελτέ ντομάτας
- 1 κουταλάκι του γλυκού τσίλι σε σκόνη (ή για γεύση)
- 1 κουταλάκι του γλυκού αλεσμένο κύμινο
- απότομη σάλτσα Worcester
- Πασπαλίζουμε με αλάτι και πιπέρι
- 1 κόκκινη πιπεριά ψιλοκομμένη
- 1 κονσέρβα φασόλια στραγγισμένα 400 γρ

ΟΔΗΓΙΕΣ:

a) Τσιγαρίζουμε το κρεμμύδι σε ζεστό τηγάνι με λάδι μέχρι να ροδίσει και προσθέτουμε το ψιλοκομμένο σκόρδο

b) Προσθέστε τον κιμά και ανακατέψτε μέχρι να ροδίσει. στραγγίστε το περιττό λίπος αν θέλετε

c) Προσθέστε όλα τα αποξηραμένα μπαχαρικά και τα καρυκεύματα, στη συνέχεια χαμηλώστε τη φωτιά και προσθέστε ψιλοκομμένες ντομάτες

d) Ανακατεύουμε καλά και προσθέτουμε τον πουρέ ντομάτας και τη σάλτσα Worcestershire και μετά αφήνουμε να σιγοβράσει για περίπου μία ώρα (λιγότερο αν βιάζεστε)

e) Προσθέστε την ψιλοκομμένη κόκκινη πιπεριά και συνεχίστε να σιγοβράζετε για 5 λεπτά, στη συνέχεια προσθέστε τη φόρμα με τα στραγγισμένα φασόλια και μαγειρέψτε για άλλα 5 λεπτά εάν το τσίλι στεγνώσει σε οποιοδήποτε σημείο, προσθέστε λίγο νερό.

f) Σερβίρετε με ρύζι, πατάτες σακάκι ή ζυμαρικά!

11.   <u>**Τζαμαϊκανή σούπα σκουός**</u>

KANEI4

ΣΥΣΤΑΤΙΚΑ:
- 1 μεγάλο κρεμμύδι, ξεφλουδισμένο και ψιλοκομμένο
- 1 καρότο καθαρισμένο και ψιλοκομμένο
- 1 jalapeño, πιπέρι, αφαιρούμε τους σπόρους, ψιλοκομμένο
- 3 κουταλιές της σούπας βούτυρο
- 2 κουταλάκια του γλυκού αλεσμένο κύμινο
- 2 κουταλάκια του γλυκού αλεσμένο κόλιανδρο
- ½ κουταλάκι του γλυκού αλεσμένη κανέλα
- ½ κουταλάκι του γλυκού πιπέρι καγιέν
- ½ κουταλάκι του γλυκού τσίλι σε σκόνη
- 1 μεγάλη κολοκύθα σπαγγέτι, ξεφλουδισμένη και κομμένη σε κύβους
- Ζωμός κοτόπουλου για να καλύψετε τα λαχανικά, περίπου 3 φλ
- Χυμό από 1 πορτοκάλι
- Χυμός από 1 λάιμ

ΚΡΕΜΑ ΑΓΚΥΡΑ
- 2 έως 3 τσίλι Ancho, κομμένα στη μέση, με μίσχο και σπόρους
- 6 κουταλιές της σούπας γάλα αμυγδάλου
- 4 κουταλιές της σούπας κρέμα γάλακτος
- Αλας
- Πιπέρι
- Χυμός λάιμ για γεύση

ΟΔΗΓΙΕΣ:
a) Σε μια μεγάλη βαριά κατσαρόλα, ιδρώστε το κρεμμύδι, το καρότο και την πιπεριά Jalapeno σε βούτυρο μέχρι να μαλακώσουν
b) Προσθέστε κύμινο, κόλιανδρο, κανέλα, καγιέν και σκόνη τσίλι
c) Μαγειρέψτε για άλλα 2 λεπτά σε χαμηλή φωτιά
d) Προσθέστε σκουός
e) Καλύπτουμε το μείγμα με ζωμό, χυμό από ένα πορτοκάλι και χυμό λάιμ Σιγοβράζουμε μέχρι να μαλακώσει η κολοκύθα, περίπου ½ ώρα
f) Αφήστε την ψύξη

g) Πολτοποιήστε το μείγμα στον επεξεργαστή ή χρησιμοποιήστε το μπλέντερ εμβάπτισης

h) Επιστρέψτε τη σούπα στο τηγάνι, αλατοπιπερώστε

i) Ξαναζεσταίνετε και προσαρμόστε τα καρυκεύματα αν χρειάζεται

j) Swirl σε Ancho Cream

k) Γαρνίρουμε με κρέμα γάλακτος αραιωμένη με λίγη παχύρρευστη κρέμα

l) Τοποθετήστε ταμποναριστά στο κέντρο ενός μπολ σούπας και χρησιμοποιώντας μια οδοντογλυφίδα, σύρετε από το κέντρο προς τα έξω και σχηματίστε ένα αστέρι ή έναν ιστό αράχνης

12.   Lagniappe τσίλι

Κάνει: 40 Μερίδες

ΣΥΣΤΑΤΙΚΑ:
- 1 κιλό αποξηραμένα φασόλια pinto
- 6 λίτρα νερό ή ζωμός βοείου κρέατος
- 2 φύλλα δάφνης
- 3 ουγγιές αποξηραμένες ντομάτες
- 1 κουταλιά της σούπας Φασκόμηλο
- 1 κουταλάκι του γλυκού Ρίγανη
- 3 κουταλάκια του γλυκού σκόνη καγιέν
- 1 κουταλιά της σούπας μαύρη μουστάρδα? ψητό
- 1 κουταλιά της σούπας σπόρος κύμινου; ψητό
- ½ φλιτζάνι σάλτσα Worcestershire
- ½ φλιτζάνι Nuoc mam
- ¼ φλιτζάνι μαύρο πιπέρι
- ¼ φλιτζάνι καυτή πάπρικα
- ¼ φλιτζάνι αλεσμένο κύμινο
- 4 μεγάλες πιπεριές Chipotle? σχισμένο σε κομμάτια
- 2 μεγάλες πιπεριές Jalapeno? ψιλοκομμένο
- 2 λίβρες φρέσκες ντομάτες? ψιλοκομμένο
- 1 κουτί (28 oz) αποφλοιωμένες ντομάτες. ψιλοκομμένο
- 12 ουγγιές πελτέ ντομάτας
- 2 κεφάλια σκόρδο? πατημένο
- 2 μεγάλα Κίτρινα κρεμμύδια. ψιλοκομμένο
- 4 κουταλιές της σούπας λάδι Canola
- 1 λίβρα Κιελμπάσα
- 3 λίβρες μοσχαρίσιος κιμάς
- 2 κουταλιές της σούπας αποξηραμένες γαρίδες
- 1 φλιτζάνι καπνιστά στρείδια
- ¼ φλιτζάνι Μέλι
- Αλάτι για γεύση

ΟΔΗΓΙΕΣ:
a) Μουλιάστε τα φασόλια pinto όλη τη νύχτα. Το επόμενο πρωί στραγγίζουμε τα φασόλια, πετάμε αυτά που επιπλέουν.

b) Ζεσταίνουμε νερό ή ζωμό βοείου κρέατος, προσθέτουμε τα pintos. Αφήνουμε να πάρει βράση αργά, χαμηλώνουμε τη φωτιά, προσθέτουμε τα φύλλα δάφνης και σιγοβράζουμε για δύο ώρες. Όσο σιγοβράζουν τα φασόλια, βάλτε μια κουταλιά της σούπας σπόρους κύμινου και μια κουταλιά της σούπας σπόρους μαύρης μουστάρδας σε ένα μικρό στεγνό τηγάνι. Ανάψτε τη φωτιά και μαγειρέψτε, ανακατεύοντας συνεχώς, μέχρι οι σπόροι *μόλις* να αρχίσουν να σκάνε. Αφαιρέστε αμέσως από τη φωτιά και συνθλίψτε σε γουδί ή γουδοχέρι ή επεξεργαστή τροφίμων. Αποθεματικό.

c) Στη συνέχεια, προσθέστε όλα τα ξηρά μπαχαρικά, τις ντομάτες και τις πιπεριές chipotle στα φασόλια. Ανακατέψτε καλά. Προσθέστε τη σάλτσα worcestershire και το nuoc mam, ανακατέψτε. Βάλτε τέσσερις κουταλιές της σούπας λάδι σε ένα μεγάλο τηγάνι, ψιλοκόψτε τα κρεμμύδια και τις πιπεριές jalapeno και τηγανίστε σε μέτρια φωτιά μέχρι τα κρεμμύδια να γίνουν διάφανα. Προσθέστε στην κατσαρόλα τσίλι, ανακατέψτε. Κόψτε ένα κιλό kielbasa, ροδίζοντας στο τηγάνι, προσθέστε το στο τσίλι. Τώρα ροδίζετε τρία κιλά μοσχαρίσιο κιμά, ψιλοκόβοντας με σπάτουλα σε κομμάτια μεγέθους μπουκιάς. Αποσύρουμε από τη φωτιά, στραγγίζουμε και προσθέτουμε στο τσίλι.

d) Τώρα πιέστε δύο κεφάλια (περίπου 25 σκελίδες) σκόρδου στο τσίλι. Προσθέστε αποξηραμένες γαρίδες και καπνιστά στρείδια. Ανακατεύουμε, αφήνουμε να πάρει μια βράση, μειώνουμε σε μέτρια βράση και μαγειρεύουμε, σκεπασμένο, για επιπλέον μία έως δύο ώρες, ανακατεύοντας κατά διαστήματα. Περίπου δεκαπέντε λεπτά πριν το σερβίρετε, προσθέστε ένα τέταρτο φλιτζάνι μέλι, ανακατέψτε και αλάτι για γεύση. Αποσύρουμε από τη φωτιά και σερβίρουμε.

13. Σούπα με μπιζέλια Gungo

KANEI6-8

ΣΥΣΤΑΤΙΚΑ:
- 2 φλιτζάνια (400 g) αποξηραμένα μπιζέλια gungo ή περιστέρι
- 1 καπνιστό ζαμπόν
- 2 μέτρια κρεμμύδια, κομμένα σε μεγάλα κομμάτια
- 2 καρότα, κομμένα σε μεγάλα κομμάτια
- 1 κοτσάνι σέλινο, με φύλλα
- 2 τσίλι scotch bonnet ή jalapeño, ξεσποριασμένα και κομμένα σε κύβους
- 1 σκελίδα σκόρδο, ψιλοκομμένη
- 1 φύλλο δάφνης
- 1 κουταλάκι του γλυκού θρυμματισμένα φύλλα φρέσκου δεντρολίβανου ή ¼ κουταλάκι του γλυκού τριμμένο αποξηραμένο δεντρολίβανο
- 1 μερίδα Spinners

ΟΔΗΓΙΕΣ:
a) Προετοιμάστε τα Spinners
b) Πλένουμε τα μπιζέλια και τα βάζουμε σε ένα μπολ. Προσθέστε αρκετό νερό για να το σκεπάσει και μουλιάστε όλη τη νύχτα. Στραγγίζουμε και αφήνουμε στην άκρη.
c) Προσθέστε 6 φλιτζάνια νερό σε μια κατσαρόλα και προσθέστε το ζαμπόν, τα κρεμμύδια, τα καρότα, το σέλινο, το τσίλι, το σκόρδο, τη δάφνη και το δεντρολίβανο. Αφήνουμε να πάρει μια βράση, χαμηλώνουμε τη φωτιά και σιγοβράζουμε για 45 λεπτά. Σουρώνετε τον ζωμό, κρατώντας το ζαμπόν και πετάτε τα λαχανικά. Ξαφρίζουμε το λίπος από το ζωμό.
d) Επιστρέψτε το ζωμό και το ζαμπόν στην κατσαρόλα μαζί με τον μουλιασμένο αρακά. Σιγοβράζουμε σε χαμηλή φωτιά μέχρι να μαλακώσουν τα μπιζέλια, περίπου 2 ώρες. Βγάζουμε τα μισά μπιζέλια από τη σούπα με τρυπητή κουτάλα και τα πολτοποιούμε σε έναν πολυκόφτη.
e) Επιστρέψτε τον πουρέ στη σούπα.
f) Προσθέστε τα έτοιμα Spinners στη σούπα και ζεστάνετε.

14.   Σούπα καλαμποκιού και γαρίδας

ΚΑΝΕΙ 8 ΜΕΡΙΔΕΣ

ΣΥΣΤΑΤΙΚΑ:
- 2 κιλά μέτριες γαρίδες σε κέλυφος με κεφάλια
- 8 στάχυα καλαμπόκι
- 1 ξυλάκι βούτυρο
- ½ φλιτζάνι αλεύρι για όλες τις χρήσεις
- 1 μεγάλο κρεμμύδι, ψιλοκομμένο
- 3 φρέσκα κρεμμυδάκια, ψιλοκομμένα, χωριστά τα λευκά και πράσινα μέρη
- 1 πράσινη πιπεριά, ψιλοκομμένη
- 2 κοτσάνια σέλινου, ψιλοκομμένα
- 1 κουταλάκι του γλυκού ψιλοκομμένο σκόρδο
- 1 (10 ουγγιές) κουτί αυθεντικές ντομάτες Ro-Tel και πράσινα τσίλι
- Αλάτι, φρεσκοτριμμένο μαύρο πιπέρι και καρυκεύματα κρεόλ, για γεύση
- ½ πίντα πηχτή κρέμα
- 2 κουταλιές της σούπας ψιλοκομμένο πλατύφυλλο μαϊντανό

ΟΔΗΓΙΕΣ:
a) Αφαιρέστε το κεφάλι, ξεφλουδίστε και καθαρίστε τις γαρίδες, τοποθετώντας τα κεφάλια και τα κοχύλια σε μια μεγάλη κατσαρόλα. Αφήνουμε τις γαρίδες στην άκρη στο ψυγείο.
b) Χρησιμοποιώντας ένα πολύ κοφτερό μαχαίρι, κόψτε τα κουκούτσια από τα στάχυα καλαμποκιού σε ένα πολύ μεγάλο μπολ. Χρησιμοποιώντας ένα θαμπό επιτραπέζιο μαχαίρι, ξύστε τα στάχυα για να απελευθερωθεί όλος ο χυμός καλαμποκιού στο μπολ. Αφήνω στην άκρη.
c) Προσθέστε τα στάχυα καλαμποκιού στην κατσαρόλα με τις φλούδες από γαρίδες. Προσθέστε τόσο νερό ώστε να καλύψει τα κοχύλια και τα στάχυα και αφήστε τα να βράσουν. Χαμηλώνουμε τη φωτιά σε μέτρια και σιγοβράζουμε για 30 λεπτά, ακάλυπτα. Όταν κρυώσει ελαφρώς, σουρώνουμε το ζωμό σε ένα μεγάλο μεζούρα και πετάμε τα κοχύλια και τα στάχυα. Θα πρέπει να έχετε

8 φλιτζάνια απόθεμα. Αν όχι, προσθέστε αρκετό νερό για να γίνουν 8 φλιτζάνια υγρό.

d) Σε μια μεγάλη, βαριά κατσαρόλα, λιώστε το βούτυρο σε μέτρια φωτιά. προσθέτουμε το αλεύρι και μαγειρεύουμε, ανακατεύοντας συνεχώς, μέχρι το roux να πάρει το χρώμα της καραμέλας.

e) Προσθέστε το κρεμμύδι, τα λευκά μέρη των φρέσκων κρεμμυδιών, την πιπεριά, το σέλινο και το σκόρδο και μαγειρέψτε μέχρι τα κρεμμύδια να γίνουν διάφανα. Προσθέτουμε τις ντομάτες και ανακατεύουμε σταδιακά τον ζωμό. Αλατοπιπερώνετε και καρυκεύματα κρεόλ και σιγοβράζετε σκεπασμένο για περίπου 15 λεπτά. Προσθέστε το καλαμπόκι και μαγειρέψτε για 10 λεπτά ακόμα. Προσθέστε τις γαρίδες και μαγειρέψτε μέχρι να ροδίσουν, περίπου 2 λεπτά. Προσθέστε την κρέμα, το πράσινο κρεμμυδάκι και το μαϊντανό. Όταν είναι έτοιμο για σερβίρισμα, ζεσταίνουμε απαλά. Μην βράζετε.

15.   Brunswick Stew

Κάνει: 8 ΜΕ 10 ΜΕΡΙΔΕΣ

ΣΥΣΤΑΤΙΚΑ:
- 6 φλιτζάνια ζωμό κότας
- 2 φλιτζάνια Slow Cooker BBQ χοιρινό κρέας
- 2 φλιτζάνια κοτόπουλο ψιλοκομμένο, μαγειρεμένο
- 2 φλιτζάνια φασόλια λίμα κατεψυγμένα ή ξερά
- 3 μέτριες πατάτες, ξεφλουδισμένες και κομμένες σε κύβους
- 1 (14 ουγγιές) κονσέρβα ντομάτες σε κύβους σε χυμό ντομάτας
- 1 μεγάλο κόκκινο κρεμμύδι, κομμένο σε κύβους
- 1 ½ φλιτζάνι κατεψυγμένα μπιζέλια και καρότα
- 1 ½ φλιτζάνι μπάμιες παγωμένες
- 1 φλιτζάνι κατεψυγμένο καλαμπόκι
- 1 φλιτζάνι σάλτσα μπάρμπεκιου hickory
- 3 σκελίδες σκόρδο, ψιλοκομμένες
- 2 κουταλιές της σούπας σάλτσα Worcestershire
- 2 ½ κουταλάκια του γλυκού αλάτι καρύκευμα
- 1 κουταλάκι του γλυκού αλεσμένο μαύρο πιπέρι
- ½ κουταλάκι του γλυκού αλεσμένο κύμινο

ΟΔΗΓΙΕΣ:
a) Προσθέστε όλα τα υλικά σε μια αργή κουζίνα 6 λίτρων. Ανακατεύουμε μέχρι να ενσωματωθούν όλα καλά. Βάλτε το καπάκι στο slow cooker και ρυθμίστε τη φωτιά στο χαμηλό.
b) Μαγειρέψτε για 5 ώρες και μετά σερβίρετε. Τυχόν υπολείμματα μπορούν να αποθηκευτούν σε αεροστεγές δοχείο στο ψυγείο για έως και 5 ημέρες.

16. Σούπα με φασόλια και ρύζι

Κάνει: 4

ΣΥΣΤΑΤΙΚΑ:
- 2 φλιτζάνια κοτόπουλο, ψημένο και κομμένο σε κύβους
- 1 φλιτζάνι μακρόσκοκο ρύζι, μαγειρεμένο
- 2 κονσέρβες 15 ουγγιών φασόλια, στραγγισμένα
- 4 φλιτζάνια ζωμός κοτόπουλου
- 2 κουταλιές της σούπας μίγμα καρυκευμάτων Taco
- 1 φλιτζάνι σάλτσα ντομάτας

Καλύμματα:
- Τυρί τριμμένο
- Salsa
- Ψιλοκομμένο κόλιανδρο
- Ψιλοκομμένο κρεμμύδι

ΟΔΗΓΙΕΣ:
a) Βάζουμε όλα τα υλικά σε μια μέτρια κατσαρόλα. Ανακατεύουμε απαλά.

b) Μαγειρέψτε σε μέτρια φωτιά, σιγοβράζοντας για περίπου 20 λεπτά, ανακατεύοντας κατά διαστήματα.

c) Σερβίρουμε με γαρνιτούρες.

17.   <u>Σούπα ρυζιού</u>

Κάνει: 4

ΣΥΣΤΑΤΙΚΑ:
- 4 μεγάλα κοτσάνια σέλινου
- 3 μεγάλα καρότα
- 1 μέτριο λευκό κρεμμύδι
- 1 κουταλάκι του γλυκού αποξηραμένο θυμάρι
- 1 κουταλάκι του γλυκού αποξηραμένος μαϊντανός
- 1 κουταλάκι του γλυκού σκόνη σκόρδου
- 1 κουταλάκι του γλυκού αλάτι
- ½ κουταλάκι του γλυκού αλεσμένο φασκόμηλο
- 1 κουταλιά της σούπας αμινοξέα καρύδας
- 4 φλιτζάνια ζωμό λαχανικών
- 2 φλιτζάνια νερό
- 2/3 φλιτζάνι μακρόσκοκο λευκό ρύζι
- 1 κονσέρβα φασόλια (κονσέρβα 15 oz)

ΟΔΗΓΙΕΣ:

a) Κόβουμε ή ψιλοκόβουμε τα λαχανικά σε μπουκιές.

b) Προσθέστε μεγάλη κατσαρόλα στη φωτιά και ανάψτε σε μέτρια φωτιά. Ψεκάστε τον πάτο της κατσαρόλας με λάδι αβοκάντο ή σπρέι ελαιόλαδου. Προσθέστε λαχανικά.

c) Μαγειρέψτε τα λαχανικά για 3-4 λεπτά.

d) Μετά από 3-4 λεπτά, προσθέστε τα μπαχαρικά, τη δάφνη και τα αμινοξέα καρύδας. Ανακατεύουμε και μαγειρεύουμε 1-2 λεπτά ακόμα.

e) Όσο ψήνονται τα λαχανικά, ξεπλένουμε καλά το ρύζι.

f) Προσθέστε ½ φλιτζάνι ζωμό λαχανικών και ξύστε τον πάτο/πλευρά της κατσαρόλας αφαιρώντας τυχόν καφέ κομμάτια από τον πάτο.

g) Προσθέτουμε στην κατσαρόλα τον υπόλοιπο ζωμό, το νερό και το ρύζι. Ανακατεύουμε και σκεπάζουμε. Ανεβάστε τη φωτιά στο υψηλό.

h) Μόλις πάρει βράση η σούπα, χαμηλώστε τη φωτιά και μαγειρέψτε για 15 λεπτά.

i) Όσο ψήνεται η σούπα, ξεπλένουμε και στραγγίζουμε τα φασόλια. Και τα προσθέτουμε στη σούπα.

j) Ακριβώς πριν το σερβίρισμα, αφαιρούμε τα φύλλα δάφνης. Σερβίρετε ζεστό.

18.   **Κρεόλε γκάμπο λαχανικών στο φούρνο**

Κάνει: 10 μερίδες

ΣΥΣΤΑΤΙΚΑ:
1 κιλό φρέσκες μπάμιες,διαγ. κομμένο φέτες
2 πακέτα Μπάμιες παγωμένες σε φέτες (10 oz)
Αλατισμένο νερό που βράζει
1 σέλινο παϊδάκι, διαγώνια κομμένο σε φέτες
2 πιπεριές, σε λωρίδες
2 πακέτα Κατεψυγμένα φασόλια λίμα (10 oz)
8 στάχυα φρέσκα κουκούτσια καλαμποκιού
2 συσκευασίες Κατεψυγμένο καλαμπόκι, αποψυγμένο (10 oz)
Βούτυρο ή μαργαρίνη
Τριμμένη φρυγανιά
1 Μικρό κρεμμύδι, ψιλοκομμένο
4 ώριμες ντομάτες, κομμένες σε φέτες
2 τσίλι Serrano, σε λεπτές φέτες
1 κουταλάκι του γλυκού ψιλοκομμένος φρέσκος βασιλικός
½ κουταλάκι του γλυκού βασιλικός ξερός, θρυμματισμένος
Αλάτι για γεύση
Μαύρο πιπέρι για γεύση
½ φλιτζάνι ψιλοκομμένο τζακάκι Monterey

ΟΔΗΓΙΕΣ:

a) Μαγειρέψτε για λίγο φρέσκες μπάμιες σε αλατισμένο νερό που βράζει. διοχετεύω.

b) Μαυρίστε το σέλινο σε αλατισμένο νερό που βράζει.

c) Προσθέστε πιπεριές και φασόλια λίμα και μαγειρέψτε μέχρι να μαλακώσουν. τα τελευταία 30 δευτερόλεπτα, προσθέστε το καλαμπόκι (μην το παραψήσετε) και μετά στραγγίστε τα λαχανικά.

d) Βουτυρώνετε ένα μεγάλο ταψί και πασπαλίζετε με ψίχα ψωμιού. προσθέτουμε μια στρώση μείγμα καλαμποκιού-φασολιού και μπάμιες.

e) Συνδυάστε το κρεμμύδι, τις ντομάτες και τον βασιλικό. στρώμα κουταλιού μείγματος κρεμμυδιού-ντομάτας πάνω από το κάτω στρώμα στο πιάτο.

f) Πασπαλίζουμε με τσίλι και αλατοπιπερώνουμε.

g) Περάστε με βούτυρο και πασπαλίστε με ψίχα ψωμιού.

h) Επαναλάβετε τη στρώση μέχρι να γεμίσει η κατσαρόλα.

i) Ρίχνουμε από πάνω μια στρώση μπάμιες που έχουν βουτήξει σε τρίμματα και έχουν σοταριστεί ελαφρά στο βούτυρο. πασπαλίζουμε ομοιόμορφα με τριμμένο τυρί αν θέλουμε.

j) Ψήνουμε ξεσκέπαστα σε προθερμασμένο 300' για 1 ώρα.

19.   Red Bean Jambalaya

Κάνει 4 μερίδες

ΣΥΣΤΑΤΙΚΑ:
- 1 κουταλιά της σούπας ελαιόλαδο
- 1 μέτριο κίτρινο κρεμμύδι, ψιλοκομμένο
- 2 παϊδάκια σέλινο, ψιλοκομμένα
- 1 μέτρια πράσινη πιπεριά, ψιλοκομμένη
- 3 σκελίδες σκόρδο, ψιλοκομμένες
- 1 φλιτζάνι ρύζι με μακριά κόκκους
- 3 φλιτζάνια μαγειρεμένα ή 2 κονσέρβες (15,5 ουγκιές) σκούρα κόκκινα φασόλια
- 1 (14,5 ουγκιές) κονσέρβα ντομάτες σε κύβους, στραγγισμένες
- (14,5 ουγκιά) κονσέρβα θρυμματισμένες ντομάτες
- (4-ουγγιά) μπορεί να απαλά πράσινα τσίλι, στραγγισμένα
- 1 κουταλάκι του γλυκού αποξηραμένο θυμάρι
- 1/2 κουταλάκι του γλυκού μαντζουράνα αποξηραμένη
- 1 κουταλάκι του γλυκού αλάτι
- Φρεσκοτριμμένο μαύρο πιπέρι
- 21/2 φλιτζάνια ζωμό λαχανικών
- 1 κουταλιά της σούπας φρέσκο μαϊντανό ψιλοκομμένο, για γαρνίρισμα
- Σάλτσα ταμπάσκο (προαιρετικά)

ΟΔΗΓΙΕΣ:
a) Σε μια μεγάλη κατσαρόλα ζεσταίνουμε το λάδι σε μέτρια φωτιά. Προσθέστε το κρεμμύδι, το σέλινο, την πιπεριά και το σκόρδο. Σκεπάζουμε και μαγειρεύουμε μέχρι να μαλακώσουν, περίπου 7 λεπτά.

b) Προσθέστε το ρύζι, τα φασόλια, τις ντομάτες σε κύβους, τις λιωμένες ντομάτες, το τσίλι, το θυμάρι, τη μαντζουράνα, αλάτι και μαύρο πιπέρι για γεύση. Προσθέστε το ζωμό, σκεπάστε και σιγοβράστε μέχρι να μαλακώσουν τα λαχανικά και το ρύζι να μαλακώσει, περίπου 45 λεπτά.

c) Πασπαλίζουμε με μαϊντανό και λίγο ταμπάσκο, αν χρησιμοποιείτε, και σερβίρουμε.

20. **Κόκκινα φασόλια και ρύζι**

ΚΑΝΕΙ 8–10 ΜΕΡΙΔΕΣ

ΣΥΣΤΑΤΙΚΑ:
- 1 κιλό αποξηραμένα φασόλια
- 2 κουταλιές της σούπας φυτικό λάδι
- 1 μεγάλο κρεμμύδι, ψιλοκομμένο
- 1 ματσάκι φρέσκα κρεμμυδάκια, ψιλοκομμένα, χωρισμένα τα λευκά και πράσινα μέρη
- 1 πράσινη πιπεριά, ψιλοκομμένη
- 2 κοτσάνια σέλινου, ψιλοκομμένα
- 4 σκελίδες σκόρδο, ψιλοκομμένες
- 6 φλιτζάνια νερό
- 3 φύλλα δάφνης
- ½ κουταλάκι του γλυκού αποξηραμένο θυμάρι
- 1 κουταλάκι του γλυκού καρύκευμα κρεόλ
- 1 κόκκαλο ζαμπόν με λίγο ζαμπόν πάνω του, κατά προτίμηση, ή 2 τσάντες ζαμπόν ή ½ λίβρα κομμάτια ζαμπόν
- Αλάτι και φρεσκοτριμμένο μαύρο πιπέρι, για γεύση
- 1 κιλό καπνιστό λουκάνικο, κομμένο σε γύρους πάχους ½ ίντσας
- 2 κουταλιές της σούπας ψιλοκομμένο πλατύφυλλο μαϊντανό, συν περισσότερο για το σερβίρισμα
- Μαγειρεμένο μακρόσκοκο λευκό ρύζι, για το σερβίρισμα

ΟΔΗΓΙΕΣ:

a) Βάζετε τα φασόλια σε μια μεγάλη κατσαρόλα, τα σκεπάζετε με νερό, τα μουλιάζετε όλη τη νύχτα και τα στραγγίζετε.

b) Σε μια μεγάλη, βαριά κατσαρόλα ζεσταίνουμε το λάδι και σοτάρουμε τα κρεμμύδια, τα λευκά μέρη των φρέσκων κρεμμυδιών, την πιπεριά, το σέλινο και το σκόρδο.

c) Σε ένα μεγάλο τηγάνι ροδίζουμε το λουκάνικο. Αφήνω στην άκρη.

d) Στην κατσαρόλα προσθέτουμε τα φασόλια, το νερό, τα φύλλα δάφνης, το θυμάρι, τα καρυκεύματα κρεόλ και το ζαμπόν και αφήνουμε να βράσουν. Χαμηλώνουμε τη φωτιά, σκεπάζουμε και σιγοβράζουμε για 2 ώρες, ανακατεύοντας κατά διαστήματα, προσθέτοντας το λουκάνικο 30 λεπτά πριν ολοκληρωθεί το μαγείρεμα.

e) Αφαιρούμε τα φύλλα δάφνης, προσθέτουμε τον μαϊντανό και σερβίρουμε σε μπολ με το ρύζι. Πασπαλίστε τα μπολ με περισσότερο μαϊντανό, αν θέλετε.

21. Instant Pot Beans & Mushroom Gumbo

Κάνει: 4

ΣΥΣΤΑΤΙΚΑ:
- 3 σκελίδες σκόρδο, ψιλοκομμένες
- 1 φλιτζάνι μανιτάρια, κομμένα σε φέτες
- 1 φλιτζάνι φασόλια, μουλιασμένα όλη τη νύχτα
- 1 πιπεριά, ψιλοκομμένη
- 2 κουταλιές της σούπας σάλτσα tamari
- 2 μέτρια κολοκυθάκια, κομμένα σε φέτες
- 2 φλιτζάνια ζωμός λαχανικών

ΟΔΗΓΙΕΣ:
a) Προσθέστε όλα τα υλικά στην κατσαρόλα της στιγμής και ανακατέψτε καλά.

b) Κλείνουμε την κατσαρόλα με καπάκι και μαγειρεύουμε σε δυνατή φωτιά για 8 λεπτά,

c) Αφήστε να εκτονωθεί η πίεση φυσικά για 10 λεπτά και στη συνέχεια αφήστε το χρησιμοποιώντας τη μέθοδο γρήγορης αποδέσμευσης.

d) Ανακατεύουμε καλά και σερβίρουμε.

22.   <u>Gumbo Z'Herbes</u>

Κάνει 6 μερίδες

- 1/4 φλιτζάνι ελαιόλαδο
- 1 μέτριο κρεμμύδι, ψιλοκομμένο
- 1 μέτρια πράσινη πιπεριά, ψιλοκομμένη
- 1 παϊδάκι σέλινο, ψιλοκομμένο
- 3 σκελίδες σκόρδο, ψιλοκομμένες
- 1/4 φλιτζάνι αλεύρι για όλες τις χρήσεις
- 1 (14,5 ουγκιές) κονσέρβα ντομάτες σε κύβους, στραγγισμένες
- 1 κουταλάκι του γλυκού αποξηραμένη μαντζουράνα
- 1/4 κουταλάκι του γλυκού αλεσμένο καγιέν
- 7 φλιτζάνια ζωμό λαχανικών
- 4 φλιτζάνια φρέσκο σπανάκι με κοτσάνι ψιλοκομμένο
- 4 φλιτζάνια κατσαρό λάχανο ψιλοκομμένο
- 2 μέτρια τσαμπιά κάρδαμο, αφαιρούνται τα σκληρά κοτσάνια, ψιλοκομμένα
- 1 μέτριο ματσάκι κιχώριο
- Αλάτι και φρεσκοτριμμένο μαύρο πιπέρι
- 11/2 φλιτζάνι μαγειρεμένα ή 1 (15,5 ουγκιά) κουτί φασόλια σκούρα κόκκινα, στραγγισμένα και ξεπλυμένα
- 1 κουταλάκι του γλυκού σάλτσα ταμπάσκο, ή για γεύση
- 1/2 κουταλάκι του γλυκού φιλέ gumbo σε σκόνη (προαιρετικά)
- 3 φλιτζάνια ζεστό μαγειρεμένο μακρόσκοκο λευκό ρύζι

a) Σε μια μεγάλη κατσαρόλα, ζεσταίνουμε το λάδι σε μέτρια φωτιά. Προσθέστε το κρεμμύδι, την πιπεριά, το σέλινο και το σκόρδο. Σκεπάζουμε και μαγειρεύουμε μέχρι να μαλακώσουν, περίπου 10 λεπτά.

b) Ρίξτε το αλεύρι και μαγειρέψτε, ανακατεύοντας συνεχώς, μέχρι το αλεύρι να σκουρύνει σε ένα καφέ χρώμα, περίπου 10 λεπτά. Ανακατεύουμε τις ντομάτες, τη μαντζουράνα, το καγιέν και το ζωμό και αφήνουμε να βράσουν.

c) Προσθέστε το σπανάκι, το λάχανο, το κάρδαμο και το κιχώριο. Χαμηλώνουμε τη φωτιά στο χαμηλό, αλατοπιπερώνουμε για γεύση και σιγοβράζουμε, ανακατεύοντας κατά διαστήματα, μέχρι να μαλακώσουν τα λαχανικά, περίπου 20 λεπτά.

d) Προσθέστε τα φασόλια, το μαϊντανό και το Ταμπάσκο και μαγειρέψτε για 10 λεπτά περισσότερο.

e) Προσθέστε τη σκόνη φιλέ, αν θέλετε, και αφαιρέστε από τη φωτιά.

f) Ρίχνετε 1/2 φλιτζάνι ρύζι σε κάθε ρηχό μπολ σούπας, ρίχνετε την κουτάλα γκάμπο πάνω από το ρύζι και σερβίρετε.

23.   Μικτό τσίλι

Κάνει: 12

ΣΥΣΤΑΤΙΚΆ:

- 2 κουταλιές της σούπας ελαιόλαδο
- 2 ασκαλώνια, ψιλοκομμένα
- 1 μεγάλο κίτρινο κρεμμύδι, κομμένο σε κύβους
- 1 κουταλιά της σούπας φρέσκο τζίντζερ, ψιλοτριμμένο
- 8 σκελίδες σκόρδο, λιωμένες
- 1 κουταλάκι του γλυκού αλεσμένο κύμινο
- 3 κουταλιές της σούπας κόκκινο πιπέρι σε σκόνη
- Αλας
- Μαύρο πιπέρι
- Κουτί 28 ουγγιών θρυμματισμένες ντομάτες
- 1 κονσέρβα πιπεριά Chipotle, ψιλοκομμένη
- 1 πιπεριά Serrano, ξεσποριασμένη και ψιλοκομμένη
- 3 φρέσκα κρεμμυδάκια ψιλοκομμένα
- ⅔ φλιτζάνι πλιγούρι
- ⅔ φλιτζάνι μαργαριταρένιο κριθάρι
- 2¼ φλιτζάνια ανακατεμένες φακές, ξεπλυμένες
- 1 ½ φλιτζάνι ρεβίθια σε κονσέρβα

ΟΔΗΓΊΕΣ:

a) Ζεσταίνουμε το λάδι σε ένα τηγάνι σε δυνατή φωτιά και σοτάρουμε το κρεμμύδι και το κρεμμύδι για 4-5 λεπτά.

b) Σοτάρουμε για 1 λεπτό με τζίντζερ, σκόρδο, κύμινο και σκόνη τσίλι.

c) Συνδυάστε με τις ντομάτες, τις πιπεριές και το ζωμό.

d) Αφήνουμε τα υλικά να πάρουν βράση, εξαιρουμένου του φρέσκου κρεμμυδιού.

e) Χαμηλώνουμε σε χαμηλή φωτιά και μαγειρεύουμε για 35 έως 45 λεπτά ή μέχρι να επιτευχθεί το επιθυμητό πάχος.

f) Σερβίρουμε ζεστό και πασπαλίζουμε με φρέσκα κρεμμυδάκια.

24.   Red Bean και Bulgur Chili

Κάνει 4 μερίδες

- 2 κουταλιές της σούπας ελαιόλαδο
- 1 μέτριο κόκκινο κρεμμύδι, ψιλοκομμένο
- 1 μέτρια κόκκινη πιπεριά, ψιλοκομμένη
- 3 σκελίδες σκόρδο, ψιλοκομμένες
- 2 κουταλιές της σούπας τσίλι σε σκόνη
- 1/2 κουταλάκι του γλυκού αποξηραμένη ρίγανη
- 1 (14,5 ουγκιές) κονσέρβα ντομάτες σε κύβους, στραγγισμένες
- 2 φλιτζάνια σάλσα ντομάτας
- 3 φλιτζάνια μαγειρεμένα ή 2 κονσέρβες (15,5 ουγκιές) σκούρα κόκκινα φασόλια, ξεπλυμένα και στραγγισμένα
- 1 φλιτζάνι νερό
- 1 φλιτζάνι πλιγούρι
- 1 (4 ουγγιές) κουτί ψιλοκομμένο ήπιο πράσινο τσίλι, στραγγισμένο

Σε μια μεγάλη κατσαρόλα ζεσταίνουμε το λάδι σε μέτρια φωτιά. Προσθέστε το κρεμμύδι και την πιπεριά, σκεπάστε και μαγειρέψτε μέχρι να μαλακώσουν, περίπου 7 λεπτά.

Προσθέστε το σκόρδο, τη σκόνη τσίλι και τη ρίγανη και μαγειρέψτε, ακάλυπτα, μέχρι να μυρίσουν, για 1 λεπτό. Προσθέστε τις ντομάτες, τη σάλσα, τα φασόλια, το νερό, το πλιγούρι, το τσίλι και το αλάτι.

Σκεπάζετε και σιγοβράζετε, ανακατεύοντας κατά διαστήματα, μέχρι να μαλακώσει το πλιγούρι και το τσίλι να γίνει πηχτό και αρωματικό, περίπου 45 λεπτά. Σερβίρετε αμέσως.

25.   Λευκό φασόλι, γαλοπούλα και τσίλι λουκάνικου

Απόδοση: 6 μερίδες

Συστατικά
- 1 (1 ουγγιά) συσκευασία ζεστό ιταλικό λουκάνικο links
- 1 κουταλιά της σούπας ελαιόλαδο
- 2 κοτολέτες γαλοπούλας, κομμένες σε μπουκιές
- 1 κουταλιά της σούπας αλεσμένο κύμινο
- 1 ½ κουταλάκι του γλυκού σκόνη σκόρδου
- 1 πρέζα αλάτι και αλεσμένο μαύρο πιπέρι για γεύση
- 2 κρεμμύδια, ψιλοκομμένα
- 8 σκελίδες σκόρδο
- 4 (15 ουγκιές) κονσέρβες λευκά φασόλια (κανελίνια), ξεπλυμένα και στραγγισμένα
- 3 κονσέρβες (10,75 ουγκιές) ζωμός κοτόπουλου με χαμηλή περιεκτικότητα σε νάτριο
- 1 κουταλιά της σούπας αλεσμένο κύμινο
- 1 ½ κουταλάκι του γλυκού σκόνη σκόρδου
- 2 πιπεριές πιπεριές jalapeno, ψιλοκομμένες
- 2 πιπεριές ολόκληρες πιπεριές jalapeno

Κατευθύνσεις
a) Προθερμάνετε το φούρνο στους 350 βαθμούς F (175 βαθμούς C).
b) Τυλίγουμε τα λουκάνικα σε αλουμινόχαρτο, τα τοποθετούμε σε ένα ταψί και τα ψήνουμε για 30 λεπτά.
c) Ζεσταίνουμε το ελαιόλαδο σε ένα μεγάλο τηγάνι από χυτοσίδηρο σε μέτρια προς δυνατή φωτιά. Μαγειρέψτε και ανακατέψτε τη γαλοπούλα σε καυτό λάδι μέχρι να ροδίσει ομοιόμορφα, περίπου 5 λεπτά.
d) Καρυκεύστε τη γαλοπούλα με 1 κουταλιά της σούπας κύμινο, 1 1/2 κουταλάκι του γλυκού σκόρδο σε σκόνη, αλάτι και μαύρο πιπέρι. Προσθέστε κρεμμύδια και σκόρδο στη γαλοπούλα. συνεχίστε να μαγειρεύετε και ανακατεύετε μέχρι να μαλακώσει το κρεμμύδι, 5 με 7 λεπτά.
e) Ρίχνουμε μέσα τα λευκά φασόλια και το ζωμό κοτόπουλου. Καρυκεύστε με 1 κουταλιά της σούπας κύμινο και 1 1/2

κουταλάκι του γλυκού σκόρδο σε σκόνη. Σιγοβράζουμε σε μέτρια φωτιά, ανακατεύοντας κατά διαστήματα, για 30 λεπτά.

f) Ανακατέψτε το ψιλοκομμένο jalapeno και τις ολόκληρες πιπεριές jalapeno, αν θέλετε.

g) Βγάζουμε τα λουκάνικα από το φούρνο και τα κόβουμε σε μπουκιές. Ανακατεύουμε το λουκάνικο στο τσίλι.

h) Μαγειρέψτε το τσίλι μέχρι να μαλακώσουν ολόκληρες οι πιπεριές jalapeno και το τσίλι να γίνει πηχτό, περίπου 15 λεπτά ακόμα.

26.   Μαύρη φασολάδα

Κάνει: 8 μερίδες

ΣΥΣΤΑΤΙΚΑ:

- 4 σκελίδες σκόρδο, ψιλοκομμένες
- 8 ουγγιές μαύρα φασόλια, πλυμένα και εμποτισμένα όλη τη νύχτα
- 7 φλιτζάνια ζωμός κοτόπουλου με χαμηλή περιεκτικότητα σε νάτριο ή νερό
- ½ φλιτζάνι μπύρα επίπεδη
- ¾ φλιτζάνι σκούρο ρούμι
- 2 κρεμμύδια, κομμένα σε κύβους
- 2 κουταλιές της σούπας βούτυρο ή μαργαρίνη
- 1 φλιτζάνι σέλινο, ψιλοκομμένο
- 1 πράσινη πιπεριά, ξεσποριασμένη και κομμένη σε κύβους
- 1 κόκκινη πιπεριά, ξεσποριασμένη και κομμένη σε κύβους
- 2 πιπεριές τσίλι, ξεσποριασμένες και ψιλοκομμένες
- 2 καρότα, καθαρισμένα και κομμένα σε κύβους
- ½ φλιτζάνι κονσέρβα ντομάτες θρυμματισμένες
- 1 ½ κουταλιά της σούπας αλεσμένο κύμινο
- 1 κουταλάκι του γλυκού κόκκινη καυτερή σάλτσα
- ½ κουταλιά της σούπας σκόνη τσίλι
- ½ κουταλάκι του γλυκού φρεσκοτριμμένο μαύρο πιπέρι
- ½ κουταλάκι του γλυκού αλάτι
- ¼ κουταλάκι του γλυκού πιπέρι καγιέν
- 1 κουταλιά της σούπας φρέσκο κόλιανδρο, ψιλοκομμένο

ΟΔΗΓΙΕΣ

a) Στραγγίζουμε τα μαύρα φασόλια και τα ανακατεύουμε με τον ζωμό, την μπύρα, το ρούμι, το σκόρδο και τα μισά από τα κρεμμύδια σε μια κατσαρόλα.

b) Μαγειρέψτε, ανακατεύοντας κατά διαστήματα, για 1½ ώρα σε χαμηλή φωτιά.

c) Προσθέστε έως και 2 φλιτζάνια βραστό νερό και σιγοβράστε για 15 λεπτά.

d) Σε έναν επεξεργαστή τροφίμων, πολτοποιήστε το μείγμα των φασολιών.
e) Σε άλλο τηγάνι λιώνουμε το βούτυρο. Προσθέστε τα υπόλοιπα κρεμμύδια, μαζί με το σέλινο, τις πιπεριές και τα καρότα.
f) Σοτάρετε τα λαχανικά για 5 έως 7 λεπτά ή μέχρι να μαλακώσουν αλλά όχι να μαλακώσουν.
g) Προσθέστε στην κατσαρόλα τα σοταρισμένα λαχανικά, τις θρυμματισμένες ντομάτες, το μείγμα πουρέ και τα καρυκεύματα.
h) Ανακατεύοντας κατά διαστήματα, αφήστε να σιγοβράσει και μαγειρέψτε για περίπου 15 λεπτά.
i) Σερβίρετε αμέσως με μια κούκλα κρέμα γάλακτος ή γιαούρτι.

27. Κόκκινη φασολάδα

Κάνει: 8 μερίδες

ΣΥΣΤΑΤΙΚΑ
- 1 κρεμμύδι, ψιλοκομμένο
- 2 κοτσάνια σέλινο, ψιλοκομμένα
- 6 τσίλι Serrano ή Jalapeno, ψιλοκομμένα
- 2 φλιτζάνια φασόλια ξερά
- ¼ κιλά Αλάτι χοιρινό
- 1½ λίτρο Νερό
- Αλάτι και πιπέρι για να γευτείς

ΟΔΗΓΙΕΣ
a) Ανακατεύουμε τα υλικά σε ένα slow cooker.
b) Αφήνουμε να πάρει μια βράση, στη συνέχεια χαμηλώνουμε τη φωτιά και σιγοβράζουμε για τρεις ώρες.
c) Ανακατεύουμε μέχρι να ομογενοποιηθεί και μετά σουρώνουμε.
d) Σερβίρετε τη σούπα ζεστή από τη φωτιά.

28. Instant Pot Quinoa Chili

Κάνει: 5

ΣΥΣΤΑΤΙΚΑ:
- 1/2 φλιτζάνι κινόα άψητη
- 1 κουταλιά της σούπας τσίλι σε σκόνη
- 1 μέτριο κρεμμύδι, κομμένο σε κύβους
- 1 πιπεριά chipotle σε σάλτσα adobo, ψιλοκομμένη
- 1 jalapeno, αφαιρέθηκαν οι σπόροι, κομμένοι σε κύβους
- 14 oz φασόλια, στραγγισμένα και ξεπλυμένα
- 3 σκελίδες σκόρδο, ψιλοκομμένες
- 2 κουταλιές της σούπας πελτέ ντομάτας
- 2 πιπεριές κομμένες σε κύβους
- 28 oz ντομάτες, κομμένες σε κύβους
- 1 κουταλάκι του γλυκού ρίγανη
- 1/2 κουταλάκι του γλυκού πάπρικα
- 1 κουταλάκι του γλυκού κύμινο
- 1 φλιτζάνι ζωμό λαχανικών
- Αλάτι και πιπέρι για να γευτείς

ΟΔΗΓΙΕΣ:
a) Ξεκινήστε να στρώνετε τα υλικά στην κατσαρόλα με τα κρεμμύδια, τις πιπεριές, τα μπαχαρικά σκόρδου και άλλα συστατικά. Δεν χρειάζεται να το ανακατεύουμε.

b) Κλείστε το καπάκι στο στιγμιαίο δοχείο και βεβαιωθείτε ότι η βαλβίδα έχει ρυθμιστεί στο "Seal".

c) Πατήστε το "Pressure Cook" και ρυθμίστε το χρονόμετρο για τουλάχιστον 5 λεπτά. Μόλις ενεργοποιηθεί ο χρονοδιακόπτης, αφήστε την πίεση να απελευθερωθεί φυσικά για περίπου 10 λεπτά. Στη συνέχεια, εάν η βαλβίδα πλωτήρα δεν έχει πέσει ακόμη, γυρίστε προσεκτικά τη βαλβίδα σε γρήγορη απελευθέρωση για να εκτονωθεί η πίεση από το στιγμιαίο δοχείο.

d) Μόλις πέσει η βαλβίδα πλωτήρα, μπορείτε να αφαιρέσετε προσεκτικά το καπάκι.

e) Αλατοπιπερώνουμε και σερβίρουμε αμέσως. Συμπληρώστε με φρέσκο κόλιαντρο, κρέμα γάλακτος φυτικής προέλευσης και φρέσκο κρεμμύδι.

29. Τσιλί κατσαρόλα ramen

Κάνει: 4

ΣΥΣΤΑΤΙΚΑ:
- 3 συσκευασίες ramen noodles
- 2 (15 ουγκιές) κονσέρβες τσίλι με φασόλια
- 1 (15 ουγκιές) κονσέρβες ντομάτες σε κύβους
- 4-8 ουγγιές τριμμένο τυρί

ΟΔΗΓΙΕΣ:
a) Ρίχνουμε 6 C. νερό σε ένα ταψί 3 λίτρων. Βάλτε το καπάκι και τοποθετήστε το στο φούρνο μικροκυμάτων για 3 με 4 λεπτά να ζεσταθεί.
b) Χρησιμοποιήστε ένα τηγάνι για να θρυμματίσετε ελαφρά το ramen. Ανακατεύουμε τα noodles στο ζεστό νερό της κατσαρόλας.
c) Βάλτε το καπάκι και αφήστε το να ψηθεί στο φούρνο μικροκυμάτων για 2 λεπτά. Ανακατεύουμε τα noodles και τα μαγειρεύουμε για 2 λεπτά επιπλέον.
d) Πετάξτε το περιττό νερό από την κατσαρόλα αφήνοντας τα noodles μέσα.
e) Προσθέτουμε τις ντομάτες με το τσίλι και τις ανακατεύουμε καλά.
f) Μαγειρέψτε τα στο φούρνο μικροκυμάτων σε υψηλή θερμοκρασία για επιπλέον 5 λεπτά. Γεμίστε την κατσαρόλα ramen με το τριμμένο τυρί.
g) Βάλτε το καπάκι και αφήστε το να καθίσει για αρκετά λεπτά μέχρι να λιώσει το τυρί.
h) Σερβίρετε την κατσαρόλα σας ζεστή.
i) Απολαμβάνω.

30.   Τσίλι Campfire

ΣΥΣΤΑΤΙΚΑ:

- 1 κιλό μοσχαρίσιος κιμάς
- 1 μεγάλη κονσέρβα φασόλια
- 1 κονσέρβα ντομάτες σε κύβους
- 1 κονσέρβα πολτοποιημένη ντομάτα
- κρεμμύδια & πράσινες πιπεριές αν θέλουμε
- 1 φάκελος μείγμα καρυκευμάτων τσίλι
- 1 κουτί μείγμα για μάφιν καλαμποκιού Jiffy

ΟΔΗΓΙΕΣ:

a) Όταν τα κούτσουρα φωτιάς ανάβουν κόκκινο, τακτοποιήστε τα σε ένα δαχτυλίδι γύρω από ένα κενό χώρο στο μέγεθος της κατσαρόλας σας.

b) Τοποθετήστε μια μαντεμένια κατσαρόλα στο χώρο και προσθέστε τον κιμά, τα κρεμμύδια και τις πιπεριές. Μαγειρέψτε και ανακατέψτε μέχρι να ροδίσει ο κιμάς.

c) Προσθέστε τις ντομάτες, τον πουρέ ντομάτας και το μείγμα καρυκευμάτων. Τοποθετήστε το καπάκι στην κατσαρόλα και αφήστε το να ζεσταθεί.

d) Όσο ζεσταίνεται, ετοιμάζουμε το μείγμα για μάφινς σύμφωνα με τις οδηγίες της συσκευασίας.

e) Όταν το τσίλι είναι ζεστό, απλώστε το έτοιμο μείγμα μάφιν πάνω από το τσίλι.

f) Τοποθετήστε ξανά το καπάκι στην κατσαρόλα. Τοποθετήστε κόκκινα κάρβουνα πάνω από το καπάκι και μαγειρέψτε μέχρι να τελειώσει η επικάλυψη του ψωμιού καλαμποκιού. Το πόσο θα διαρκέσει εξαρτάται από το πόσο ζεστά είναι τα κάρβουνά σας. Θα μπορούσε να είναι μόλις 15-20 λεπτά. ή θα μπορούσε να είναι μεγαλύτερο.

g) Αποσύρουμε την κατσαρόλα από τη φωτιά και σερβίρουμε.

31.   Ψωμί καλαμποκιού στο τσίλι

Κάνει: 6–8 μερίδες

ΣΥΣΤΑΤΙΚΑ:
● 1 μέτριο κρεμμύδι, ψιλοκομμένο
● 1 κουταλιά της σούπας βούτυρο ή μαργαρίνη
● 2 κονσέρβες (15 ουγκιές το καθένα) τσίλι με κρέας και φασόλια
● 1 κονσέρβα (11 ουγκιές) καλαμπόκι μεξικάνικο στιλ, στραγγισμένο
● 1 φλιτζάνι τριμμένο τυρί τσένταρ
● 1 πακέτο μείγμα ψωμιού καλαμποκιού (μέγεθος τηγανιού 8x8 ιντσών)

ΟΔΗΓΙΕΣ:
a) Προθερμαίνουμε τον φούρνο στους 425 βαθμούς.
b) Σε ένα τηγάνι σοτάρουμε το κρεμμύδι με το βούτυρο μέχρι να μαλακώσουν. Προσθέστε το τσίλι και το καλαμπόκι. Απλώστε το μείγμα τσίλι σε ένα λαδωμένο ταψί 9x13 ιντσών. Πασπαλίστε το τυρί από πάνω.
c) Σε ένα μπολ ανακατεύουμε το μείγμα ψωμιού καλαμποκιού σύμφωνα με τις οδηγίες της συσκευασίας. Ρίξτε το κουρκούτι ομοιόμορφα πάνω από το μείγμα τσίλι.
d) Ψήστε για 25 λεπτά, ή μέχρι το ψωμί καλαμποκιού να ροδίσει και να τοποθετηθεί στο κέντρο.

32. <u>Enchilada Casserole</u>

Κάνει: 6 μερίδες

ΣΥΣΤΑΤΙΚΑ:
- 1 κιλό μοσχαρίσιο κιμά, ροδισμένο και στραγγισμένο
- 1 κονσέρβα (15 ουγκιές) τσίλι, οποιαδήποτε ποικιλία
- 1 κουτί (8 ουγγιές) σάλτσα ντομάτας
- 1 κουτί (10 ουγκιές) σάλτσα enchilada
- 1 σακουλάκι (10 ουγγιές) τσιπς καλαμποκιού Fritos, χωρισμένο
- 1 φλιτζάνι κρέμα γάλακτος
- 1 φλιτζάνι τριμμένο τυρί τσένταρ

ΟΔΗΓΙΕΣ:
a) Προθερμαίνουμε τον φούρνο στους 350 βαθμούς.

b) Σε ένα μεγάλο μπολ, συνδυάστε το μαγειρεμένο βόειο κρέας, το τσίλι, τη σάλτσα ντομάτας και τη σάλτσα enchilada. Ανακατεύουμε τα δύο τρίτα των τσιπς. Απλώστε το μείγμα σε ένα ταψί με λαδόκολλα 2 λίτρων.

c) Ψήνετε, ακάλυπτα, 24–28 λεπτά ή μέχρι να ζεσταθεί.

d) Από πάνω απλώνουμε την κρέμα γάλακτος. Πασπαλίστε το τυρί πάνω από την κρέμα γάλακτος. Θρυμματίστε τα υπόλοιπα τσιπς και πασπαλίστε από πάνω.

e) Ψήνετε για 5-8 λεπτά ακόμα, ή μέχρι να λιώσει το τυρί.

33.   Χοιρινό τσίλι σε Crockpot

Κάνει: 8

ΣΥΣΤΑΤΙΚΑ
- 1 κουταλάκι του γλυκού ζάχαρη
- Κύμινο, 1 κουτ
- 2 κουταλάκια του γλυκού ρίγανη
- Αλάτι, 1 κουτ
- 3 λίβρες χοιρινό χωρίς κόκαλα, σε κύβους
- 3 κουταλάκια του γλυκού πελτέ ντομάτας
- 2 κρεμμύδια, ψιλοκομμένα
- Σκόρδο ψιλοκομμένο, 2 σκελίδες
- 2 κουταλιές της σούπας λάδι σαλάτας
- Κρέμα σαντιγί, ½ φλ
- Νερό, 1 φλ

ΓΙΑ ΝΑ ΕΞΥΠΗΡΕΤΗΣΕΙ
- Τσιπς τορτίγιας
- Αβοκάντο
- Κρέμα γάλακτος

ΟΔΗΓΙΕΣ:
a) Καφέ χοιρινό στο Crockpot με λάδι.
b) Προσθέστε το κρεμμύδι, το σκόρδο, τη σκόνη τσίλι, το κύμινο και τη ρίγανη.
c) Προσθέστε το χοιρινό πίσω στο τηγάνι μαζί με το νερό, τη ζάχαρη, το αλάτι και τον πελτέ ντομάτας.
d) Προσθέστε την κρέμα γάλακτος και μαγειρέψτε σε χαμηλή φωτιά για 1 ώρα.

34. **Σούπα αδυνατίσματος με κοτόπουλο και φασόλια**

Κάνει: 8
ΣΥΣΤΑΤΙΚΑ:
- 200 γρ στήθος κοτόπουλου
- Αλας
- 1 μεγάλο κρεμμύδι ψιλοκομμένο
- 1 κουταλάκι του γλυκού ελαιόλαδο
- 2 σκελίδες σκόρδο, ψιλοκομμένες
- 2 φλιτζάνια ντοματίνια ψιλοκομμένα
- 2 καρότα ψιλοκομμένα
- 1 πράσινη πιπεριά ψιλοκομμένη
- 1 πιπεριά ψιλοκομμένη
- 1 κουταλιά της σούπας τσίλι σε σκόνη
- 1 ½ κουταλάκι του γλυκού κύμινο
- 1 κουταλάκι του γλυκού κουρκουμά
- 1 κουταλάκι του γλυκού πάπρικα
- ¼ κουταλάκι του γλυκού αποξηραμένη ρίγανη
- 4 φλιτζάνια ζωμό κοτόπουλου με χαμηλή περιεκτικότητα σε νάτριο
- 2 φλιτζάνια καλαμπόκι
- 500 γραμμάρια μαύρα φασόλια πλυμένα και στραγγισμένα
- 1 φλιτζάνι φρέσκο κόλιανδρο
- 1 φλιτζάνι τυρί

ΟΔΗΓΙΕΣ:

a) Μαγειρέψτε το στήθος κοτόπουλου σε ένα τηγάνι γεμάτο με νερό σε μέτρια προς δυνατή φωτιά για 10 έως 15 λεπτά. Κόψτε το.

b) Ρίχνουμε το ελαιόλαδο σε μια μεγάλη κατσαρόλα και ζεσταίνουμε σε μέτρια φωτιά.

c) Προσθέστε το κρεμμύδι και το σκόρδο για περίπου 5 με 8 λεπτά ή μέχρι το κρεμμύδι να γίνει διάφανο.

d) Βάζετε τις ντομάτες, τα καρότα, τις πιπεριές και χτυπάτε να ανακατευτούν καλά στο μπλέντερ ή στον επεξεργαστή τροφίμων.

e) Προσθέστε τα καρυκεύματα και ένα κουταλάκι του γλυκού στο τηγάνι του βήματος 3. Προσθέστε το ψιλοκομμένο κοτόπουλο, το μείγμα του βήματος 4, το καλαμπόκι, τα φασόλια και 2/4 του φλιτζανιού κόλιανδρο. Αν βρείτε τη σούπα πολύ πηχτή, βάλτε νερό.

f) Μαγειρέψτε με το τηγάνι μερικώς καλυμμένο για 30 λεπτά έως μία ώρα, μέχρι το καλαμπόκι να παραμείνει μαλακό.

g) Σερβίρουμε τη σούπα γαρνίροντας με το τυρί και τον υπόλοιπο κόλιανδρο.

35.   Χοιρινό Ποσόλα

Κάνει: 10

ΣΥΣΤΑΤΙΚΑ:

● 3 λίβρες άπαχη χοιρινή σπάλα χωρίς κόκαλα, κομμένη και κομμένη σε κομμάτια 1½ ίντσας
● 1 κουταλιά της σούπας αλεσμένο κύμινο
● 1 κουταλάκι του γλυκού αλάτι kosher
● Κονσέρβα 15 ουγγιών λευκού ομίνιου, στραγγισμένο και ξεπλυμένο
● 1 κουταλάκι του γλυκού μαύρο πιπέρι
● 1 κουταλιά της σούπας λάδι κανόλα
● 1 ½ φλιτζάνι ψιλοκομμένο τσίλι poblano
● 1 ½ φλιτζάνι κίτρινα κρεμμύδια ψιλοκομμένα
● 4 φλιτζάνια ζωμός κοτόπουλου ανάλατος
● Ραπανάκια σε λεπτές φέτες
● Κονσέρβα 15 ουγγιών χωρίς αλάτι, στραγγισμένα και ξεπλυμένα
● 1 φλιτζάνι salsa Verde
● Κρεμμύδια σε λεπτές φέτες
● Φύλλα φρέσκιας ρίγανης

ΟΔΗΓΙΕΣ:

36. Πασπαλίζουμε ομοιόμορφα το χοιρινό με το κύμινο, το αλάτι και το μαύρο πιπέρι. Ζεσταίνουμε το λάδι σε ένα τηγάνι σε μέτρια φωτιά. Προσθέστε το μισό χοιρινό στο τηγάνι. μαγειρέψτε, ανακατεύοντας κατά διαστήματα, μέχρι να ροδίσει, περίπου 4 λεπτά. Μεταφορά σε Crockpot. Επαναλάβετε τη διαδικασία με το υπόλοιπο χοιρινό.

37. Προσθέστε τα poblano chiles και τα κρεμμύδια, και καραμελωμένα ελαφρά, περίπου 5 λεπτά.

38. Προσθέστε ½ φλιτζάνι ζωμό στο τηγάνι και ανακατέψτε για να χαλαρώσουν τα ροδισμένα κομμάτια από τον πάτο του τηγανιού. μεταφορά στο Crockpot.

39. Προσθέστε τη salsa Verde, το hominy, τα φασόλια pinto και τα υπόλοιπα 3½ φλιτζάνια ζωμό.

40. Μαγειρέψτε αργά μέχρι να μαλακώσει το χοιρινό, περίπου 7 ½ ώρες.

41. Πολτοποιήστε μερικά από τα φασόλια και το hominy με έναν πουρέ πατάτας.

42. Σερβίρετε τη σούπα με ραπανάκια, κρεμμύδια και φύλλα ρίγανης σε φέτες.

36. Μοτσαρέλα τσίλι κατσαρόλα

Κάνει: 4

ΣΥΣΤΑΤΙΚΑ:
- 16 ουγγιές εξαιρετικά άπαχο μοσχαρίσιο κιμά
- 28 ουγγιές σάλτσα σπαγγέτι
- 16 ουγγιές ζυμαρικά ροτίνι
- 16 ουγγιές τριμμένο τυρί μοτσαρέλα

ΟΔΗΓΙΕΣ:
a) Βράζετε τα ζυμαρικά σε βραστό νερό για 10 λεπτά ή μέχρι τα νουντλς να είναι τρυφερά αλλά σφιχτά στη γεύση.
b) Προθερμάνετε το φούρνο στους 350 F
c) Ψεκάστε ένα ταψί με μαγειρικό σπρέι και αφήστε το στην άκρη.
d) Μαγειρέψτε το βόειο κρέας σε ένα μεγάλο τηγάνι σε μέτρια φωτιά μέχρι να ροδίσει ομοιόμορφα και να γίνει εύθρυπτο. Στραγγίστε το περιττό λίπος από το τηγάνι.
e) Προσθέστε τη σάλτσα σπαγγέτι και τα ζυμαρικά στο μοσχαρίσιο κρέας στο τηγάνι.
f) Στην έτοιμη κατσαρόλα, απλώστε μια στρώση κρέατος ακολουθούμενη από μια στρώση τυρί και επαναλάβετε μέχρι να φύγουν τα υλικά.
g) Ψήστε για 25 λεπτά ή μέχρι να λιώσει το τυρί και να αφρατέψει.

37. Χοιρινό και πιπεριές τσίλι

Κάνει: 4

ΣΥΣΤΑΤΙΚΑ:
● 1 κόκκινο κρεμμύδι, ψιλοκομμένο
● 2 λίβρες χοιρινό, αλεσμένο
● 4 σκελίδες σκόρδο, ψιλοκομμένες
● 2 κόκκινες πιπεριές, ψιλοκομμένες
● 1 κοτσάνι σέλινου, ψιλοκομμένο
● 25 ουγγιές φρέσκες ντομάτες, ξεφλουδισμένες, θρυμματισμένες
● ¼ φλιτζάνι πράσινα τσίλι, ψιλοκομμένα
● 2 κουταλιές της σούπας φρέσκια ρίγανη, ψιλοκομμένη
● 2 κουταλιές της σούπας τσίλι σε σκόνη
● Ρίψε αλάτι και μαύρο πιπέρι
● Ένα ψιλόβροχο ελαιόλαδο

ΟΔΗΓΙΕΣ:
a) Ζεσταίνουμε ένα τηγάνι με το λάδι σε μέτρια προς δυνατή φωτιά και προσθέτουμε το κρεμμύδι, το σκόρδο και το κρέας. Ανακατεύουμε και ροδίζουμε για 5 λεπτά και μετά το μεταφέρουμε στο slow cooker.
b) Προσθέστε τα υπόλοιπα υλικά, ανακατέψτε, σκεπάστε και μαγειρέψτε σε χαμηλή φωτιά για 8 ώρες.
c) Μοιράζουμε τα πάντα σε μπολ και σερβίρουμε.

38. Crockpot Chicken Taco Σούπα

Κάνει: 6

ΣΥΣΤΑΤΙΚΑ:
- 2 κατεψυγμένα στήθη κοτόπουλου χωρίς κόκαλα
- 2 κουτιά λευκά φασόλια ή μαύρα φασόλια
- 1 κουτί ντομάτες σε κύβους
- ½ πακέτο καρυκεύματα taco
- ½ κουταλάκι του γλυκού αλάτι σκόρδο
- 1 φλιτζάνι ζωμό κότας
- Αλάτι και πιπέρι για να γευτείς
- Τσιπς τορτίγιας, κρέμα τυριού και κόλιαντρο ως επικάλυψη

ΟΔΗΓΙΕΣ:
g) Βάλτε το κατεψυγμένο κοτόπουλο σας στην κατσαρόλα και τοποθετήστε και τα υπόλοιπα υλικά στην πισίνα.

h) Αφήνουμε να ψηθεί για περίπου 6-8 ώρες.

i) Αφού ψηθεί, βγάζουμε το κοτόπουλο και το κόβουμε στο μέγεθος που θέλουμε.

j) Τέλος, τοποθετήστε το ψιλοκομμένο κοτόπουλο στο κατσαρολάκι και βάλτε το σε μια αργή κουζίνα. Ανακατεύουμε και αφήνουμε να ψηθεί.

k) Μπορείτε επίσης να προσθέσετε περισσότερα φασόλια και ντομάτες για να βοηθήσετε το κρέας να τεντώσει και να γίνει πιο νόστιμο.

39. Bean Chii με Sea Moss

Κάνει: 4

ΣΥΣΤΑΤΙΚΑ:

- 1 κρεμμύδι
- 3 Σκελίδες Σκόρδο
- 1 κονσέρβα ψιλοκομμένη ντομάτα
- 2 κουταλιές της σούπας πουρέ ντομάτας
- 1 φλιτζάνι κόκκινα φασόλια
- ½ φλιτζάνι φασόλια βουτύρου
- ½ φλιτζάνι φασόλια Pinto
- 1 φλιτζάνι κίτρινο/πράσινο πιπέρι
- Τζελ Sea Moss 2 ουγγιές
- 1 φρέσκο τσίλι
- 2 κουταλιές της σούπας Liquid Amino
- ½ κουταλάκι του γλυκού αλεσμένο κύμινο
- ½ κουταλάκι του γλυκού αλεσμένος κόλιανδρος
- ½ απόθεμα λαχανικών χωρίς μαγιά κύβου
- Αλάτι Ιμαλαΐων & τριμμένο μαύρο πιπέρι

ΟΔΗΓΙΕΣ:

a) Πλένουμε τα φασόλια (και τα στραγγίζουμε) και τα λαχανικά με φιλτραρισμένο νερό και μετά ψιλοκόβουμε τα κρεμμύδια και τις πιπεριές.

b) Ζεσταίνουμε 50 ml αλκαλικού νερού σε μια κατσαρόλα και προσθέτουμε το τζελ με βρύα θάλασσας, το κρεμμύδι, το σκόρδο και τις πιπεριές για να τηγανιστούν στον ατμό μέχρι να μαλακώσουν.

c) Προσθέστε μέσα τα φασόλια, αλάτι και πιπέρι. Μαγειρέψτε για 5 λεπτά.

d) Προσθέστε την ψιλοκομμένη ντομάτα, τον πουρέ, το τσίλι, το κύμινο, τον κόλιανδρο και τα αμινοξέα και λιώστε τον κύβο ζωμού.

e) Ανακατεύουμε καλά και σκεπάζουμε με ένα καπάκι, αφήνουμε να ψηθεί σε χαμηλή φωτιά για 20 λεπτά.

f) Δοκιμάστε το και προσθέστε περισσότερο καρύκευμα όπως θέλετε.

g) Σερβίρουμε με καστανό ρύζι.

40. Κοτόπουλο τσίλι σε γάλα καρύδας

ΣΥΣΤΑΤΙΚΑ:

- 1 κιλό κοτόπουλο χωρίς κόκαλα και πέτσα, κομμένο σε κύβους
- 1 κουταλιά της σούπας κόκκινο τσίλι σαμπάλ
- 3 κουταλιές της σούπας γκι
- ½ κουταλάκι σπόρους μουστάρδας
- 8 φρέσκα φύλλα κάρυ
- 2 κουταλάκια του γλυκού Πάστα Τζίντζερ-Σκόρδο
- 2 μικρές ντομάτες, ψιλοκομμένες
- ½ κουταλάκι του γλυκού κουρκουμά σε σκόνη
- Επιτραπέζιο αλάτι, για γεύση
- Νερό, όσο χρειάζεται
- Γάλα καρύδας, για γαρνίρισμα

ΟΔΗΓΙΕΣ:

41. Σε ένα μπολ ανακατεύουμε το κοτόπουλο και το σαμπάλ. Αφήστε στην άκρη για 15 λεπτά.
42. Ζεσταίνουμε το γκι σε ένα τηγάνι μεσαίου μεγέθους. Προσθέστε τους σπόρους μουστάρδας. όταν αρχίσουν να ψεκάζουν, προσθέστε τα φύλλα κάρυ, την πάστα τζίντζερ και τις ντομάτες.
43. Σοτάρουμε για περίπου 8 λεπτά και μετά προσθέτουμε τον κουρκουμά και το αλάτι και ανακατεύουμε καλά. Προσθέστε περίπου 1 φλιτζάνι νερό και μαγειρέψτε, ακάλυπτα, για 10 λεπτά.
44. Προσθέστε το κοτόπουλο (μαζί με όλο το κόκκινο τσίλι σαμπάλ) και μαγειρέψτε σε μέτρια φωτιά μέχρι να ψηθεί το κοτόπουλο, περίπου 5 λεπτά.
45. Γαρνίρουμε με το γάλα καρύδας και σερβίρουμε ζεστό.

41. One-Pot Turkey Chili Mac

ΣΥΣΤΑΤΙΚΑ:

- 1 κουταλιά της σούπας λάδι καρύδας
- 1 κιλό αλεσμένη γαλοπούλα
- ½ κουταλάκι του γλυκού αλάτι kosher
- ¼ φλιτζανιού κρεμμύδι, κομμένο σε κύβους
- 2 κοτσάνια σέλινο, κομμένα σε κύβους
- ½ φλιτζάνι πιπεριά, κομμένη σε κύβους
- 4 φλιτζάνια ζωμός από κόκαλα κοτόπουλου (2 χαρτοκιβώτια)
- 1 (16-oz) βάζο μεσαίου πάχους και χοντρή σάλσα
- 1 (15-16 oz) κουτί κόκκινα φασόλια με μειωμένο νάτριο, στραγγισμένα
- 1 (1,25-oz) πακέτο μίγμα καρυκευμάτων τσίλι
- 8 ουγγιές μακαρόνια αγκώνα
- 2 ουγγιές τυρί τσένταρ, κομμένο σε κύβους
- 1 κονσέρβα (8 oz) χωρίς αλάτι σάλτσα ντομάτας
- Φύλλα μαϊντανού για γαρνίρισμα

ΟΔΗΓΙΕΣ:

d) Ζεσταίνουμε το λάδι σε μια μεγάλη κατσαρόλα σε μέτρια προς δυνατή. Τοποθετούμε την αλεσμένη γαλοπούλα στο τηγάνι και αλατίζουμε. Μαγειρέψτε 3-4 λεπτά, χρησιμοποιώντας τη σπάτουλα σας για να θρυμματίσετε το κρέας.

e) Προσθέστε το κρεμμύδι, το σέλινο και την πιπεριά, μαγειρέψτε για άλλα 2 λεπτά μέχρι να ψηθεί η γαλοπούλα. Προσθέστε το ζωμό, τη σάλσα, τα φασόλια και το μείγμα καρυκευμάτων. Αφήστε να πάρει μια βράση.

f) Ανακατέψτε τα ζυμαρικά? μαγειρέψτε για 8 λεπτά, ανακατεύοντας κατά διαστήματα. Εν τω μεταξύ, κόψτε το τυρί σε μικρούς κύβους. Ρίξτε τη σάλτσα ντομάτας και μαγειρέψτε για 1 λεπτό ακόμα. Σερβίρετε το τσίλι με τυρί και μαϊντανό.

42. One-Pot Pasta e Fagioli

ΣΥΣΤΑΤΙΚΑ:

- 1 κουταλιά της σούπας έξτρα παρθένο ελαιόλαδο
- 1 κιλό άπαχο μοσχαρίσιο κιμά
- Αλάτι για γεύση
- 1 κουταλάκι του γλυκού αποξηραμένη ρίγανη
- 1 μέτριο κρεμμύδι, κομμένο σε κύβους
- 1 φλιτζάνι καρότα, κομμένα σε κύβους
- 2 κοτσάνια σέλινου, κομμένα σε φέτες
- 1 μεγάλη ντομάτα, κομμένη σε κύβους
- 1 (15 ουγκιά) κουτί κόκκινα φασόλια, ξεπλυμένα και στραγγισμένα
- 2 φλιτζάνια ζωμό από κόκκαλο μοσχαρίσιο
- 2 φλιτζάνια σάλτσα σπαγγέτι
- 8 ουγγιές κοχύλια ζυμαρικών
- 1-2 κουταλάκια του γλυκού καυτερή σάλτσα, προαιρετικά
- ¼ φλιτζάνι ψιλοκομμένο φρέσκο μαϊντανό
- Φρεσκοτριμμένο μαύρο πιπέρι
- ½ φλιτζάνι τριμμένη ή φρεσκοτριμμένη παρμεζάνα

ΟΔΗΓΙΕΣ:

● Σε μια μεγάλη κατσαρόλα ζεσταίνουμε το ελαιόλαδο σε μέτρια φωτιά. Προσθέστε κιμά και σπάστε τον με μια σπάτουλα. Μαγειρέψτε μέχρι το βόειο κρέας να αρχίσει να ροδίζει. Στο μεταξύ αλατοπιπερώνουμε και ρίγανη.

● Προσθέστε τα κρεμμύδια, τα καρότα, το σέλινο και τις ντομάτες στην κατσαρόλα. Ανακατεύουμε καλά και μαγειρεύουμε για περίπου 10 λεπτά, ανακατεύοντας κατά διαστήματα.

● Προσθέστε φασόλια, ζωμό βοείου κρέατος, σάλτσα σπαγγέτι, ακολουθούμενα από κελύφη ζυμαρικών. περιχύστε καυτή σάλτσα στην κατσαρόλα εάν χρησιμοποιείτε. ανακατεύουμε και ανακατεύουμε καλά. Αφήνουμε να πάρει μια βράση και στη συνέχεια σιγοβράζουμε για 15-20 λεπτά σε μέτρια προς χαμηλή φωτιά ή μέχρι να μαλακώσουν τα ζυμαρικά.

● Προσθέστε φρεσκοτριμμένο μαύρο πιπέρι για γεύση και ανακατέψτε με μαϊντανό, στη συνέχεια με τυρί παρμεζάνα. Πιάτο, γαρνίρουμε με περισσότερο μαϊντανό ή τυρί. Απολαμβάνω!

43. Σούπα με ζωμό με νουντλς βοδινού Szechuan

ΣΥΣΤΑΤΙΚΑ:

- 1 κιλό μοσχαρίσιο κρέας στιφάδο
- ¼ φλιτζάνι πικάντικη σάλτσα φασολιών τσίλι
- 4 ουγγιές νεροκάρδαμο
- 2 κουταλιές της σούπας καστανή ζάχαρη
- 12-15 μανιτάρια shiitake
- 5 κουταλιές της σούπας ελαιόλαδο, χωρισμένες
- 4 αυγά, μαλακά βραστά
- 3 αστέρια γλυκάνισους
- 8 ουγγιές κινέζικα ζυμαρικά, ή ramen, ή udon
- 2 κουταλάκια του γλυκού σκόνη πέντε μπαχαρικών
- 1 ίντσας χοντρό τζίντζερ, κομμένο σε φέτες
- 2 κουταλιές της σούπας σάλτσα σόγιας
- 4 σκελίδες σκόρδο, κομμένες και κομμένες σε φέτες
- 1 φρέσκο κρεμμυδάκι, ψιλοκομμένο για γαρνίρισμα
- 5 φλιτζάνια Ζωμός από κόκαλα βοείου κρέατος
- σησαμέλαιο
- 1 κουταλιά της σούπας κόκκινο κρασί
- Αλατοπίπερο

ΟΔΗΓΙΕΣ:

a) Τοποθετήστε το κρέας στιφάδο σε ένα μεσαίο μπολ. προσθέστε κόκκινο κρασί και μια πρέζα αλάτι και πιπέρι. Ανακατέψτε καλά.

b) Σε μια μεγάλη κατσαρόλα ζεσταίνουμε 2 κουταλιές της σούπας ελαιόλαδο σε μέτρια προς δυνατή φωτιά. Προσθέστε το καρυκευμένο μοσχαρίσιο κρέας, ανακατέψτε μέχρι το εξωτερικό του βοείου κρέατος να αρχίσει να ροδίζει (περίπου 5 λεπτά).

c) Προσθέστε 5 φλιτζάνια ζωμό από κόκαλα βοείου κρέατος στην κατσαρόλα. Ρίξτε τη φωτιά σε υψηλή και αφήστε να πάρει μια βράση και στη συνέχεια σιγοβράστε.

d) Όσο το κρέας σιγοβράζει, ζεσταίνουμε 3 κουταλιές της σούπας ελαιόλαδο σε μέτρια προς δυνατή φωτιά σε ένα μικρό τηγάνι (περίπου 2 λεπτά).

e) Προσθέστε ζάχαρη και τηγανίστε μέχρι να αρχίσει να παίρνει χρώμα. Τώρα προσθέστε αστεροειδή γλυκάνισο, σκόνη πέντε μπαχαρικών, τζίντζερ και σκόρδο. ανακατεύουμε για περίπου 10 δευτερόλεπτα. προσθέστε γρήγορα τη σάλτσα φασολιών τσίλι. Ανακατεύουμε καλά και σιγοβράζουμε για περίπου 1 λεπτό.

f) Μεταφέρετε το μείγμα σάλτσας φασολιών τσίλι στη μεγάλη κατσαρόλα. προσθέστε σάλτσα σόγιας και στη συνέχεια σιγοβράστε για 25 λεπτά.

g) Στο μεταξύ βράζουμε τα αυγά. (Φέρτε 4 φλιτζάνια νερό να βράσει σε μια μικρή κατσαρόλα, προσθέστε απαλά τα αυγά και αφήστε τα να βράσουν για 4 ½ λεπτά για τα μαλακά αυγά ή 5 λεπτά για τα σφιχτά αυγά. Στραγγίστε και αφήστε τα αυγά να καθίσουν σε κρύο νερό για 5 λεπτά πριν ξεφλούδισμα.)

h) Μετά από 25 λεπτά σιγοβρασμού, προσθέστε τα noodles και τα μανιτάρια στην κατσαρόλα. αφήνουμε να πάρει μια βράση. Μόλις βράσει η σούπα με ζωμό με χυλοπίτες, προσθέστε το κάρδαμο και στη συνέχεια σβήστε αμέσως τη φωτιά. Ανακατεύουμε μέχρι το λαχανικό να αρχίσει να μαραίνει.

i) Για να σερβίρετε, μοιράστε τη σούπα ζωμού με ζυμαρικά σε 4 μπολ ομοιόμορφα. περιχύνουμε με σησαμέλαιο. Τοποθετήστε ένα μαλακό αυγό σε κάθε μπολ. πασπαλίζουμε με ψιλοκομμένο φρέσκο κρεμμυδάκι. Απολαμβάνω!

44. Σούπα ζωμού από κοτόπουλο-λαχανικά Καραϊβικής

ΣΥΣΤΑΤΙΚΑ:

- 1 φλιτζάνι κρεμμύδια ψιλοκομμένα
- ½ φλιτζάνι σέλινο ψιλοκομμένο
- ½ φλιτζάνι κόκκινες και πράσινες πιπεριές, κομμένες σε κύβους
- ½ κουταλάκι του γλυκού Θυμάρι ξερό
- 1 φλιτζάνι Νερό
- 2 φύλλα δάφνης
- 1 κουταλάκι του γλυκού τσίλι σε σκόνη
- ½ κουταλάκι του γλυκού σκόνη κάρυ
- ¼ κουταλάκι του γλυκού αλεσμένο μπαχάρι
- 4½ φλιτζάνια Ζωμός κοτόπουλου με χαμηλή περιεκτικότητα σε νάτριο, απολιπανμένος
- ⅛ κουταλάκι του γλυκού φρεσκοτριμμένο μαύρο πιπέρι
- 1¼ κιλό Μισά στήθη κοτόπουλου χωρίς πέτσα, με κόκαλα
- ¼ φλιτζάνι λευκό ρύζι, ξηρό μέτρο
- 14½ ουγκιά μαύρα φασόλια, μαγειρεμένα, ξεπλυμένα και στραγγισμένα

ΟΔΗΓΙΕΣ:

a) Σε μια μεγάλη κατσαρόλα ανακατεύουμε το λάδι, το σέλινο, τις κόκκινες ή πράσινες πιπεριές και τα κρεμμύδια.

b) Μαγειρέψτε τα λαχανικά για 5 λεπτά ανακατεύοντας συχνά σε δυνατή φωτιά.

c) Προσθέστε το νερό, τα φύλλα δάφνης, τη σκόνη τσίλι, τη σκόνη κάρυ, το θυμάρι, το μπαχάρι και το μαύρο πιπέρι ενώ ανακατεύετε μέσα στο ζωμό.

d) Αφήνουμε να πάρει μια βράση αφού προσθέσουμε το κοτόπουλο.

e) Σιγοβράζουμε για 25 λεπτά ή μέχρι να ψηθεί καλά το κοτόπουλο. Ανακατεύετε τακτικά.

f) Όταν το κοτόπουλο κρυώσει αρκετά, το αφήνουμε στην άκρη.

g) Κόψτε το κοτόπουλο σε κομμάτια μεγέθους μπουκιάς αφού αφαιρέσετε τα κόκαλα.

h) Προσθέστε τα φασόλια και το ρύζι στην κατσαρόλα.

i) Μαγειρέψτε για 15 λεπτά ή μέχρι να μαλακώσει το ρύζι.

j) Ξαναβάζουμε το κοτόπουλο στην κατσαρόλα και μετά σιγοβράζουμε για 5 λεπτά.

k) Πετάξτε τα φύλλα δάφνης.

l) Σερβίρουμε με άπαχο γιαούρτι και κόκκινες πιπεριές ψιλοκομμένες.

45. Σούπα με ζωμό ζαμπόν και φασολιών

ΣΥΣΤΑΤΙΚΑ:

- 1 φλιτζάνι αποξηραμένες μαύρες σόγια, μουλιασμένες όλη τη νύχτα και στραγγισμένες
- 1 φλιτζάνι Κρεμμύδι, κομμένο σε κύβους
- 1 φλιτζάνι Κοτσανάκια σέλινου, κομμένα σε κύβους
- 4 σκελίδες σκόρδο, ψιλοκομμένες
- 1 κουταλάκι του γλυκού αποξηραμένη ρίγανη
- 1 κουταλάκι του γλυκού Αλάτι
- 1 κουταλάκι του γλυκού Καρυκεύματα Cajun
- 1 κουταλάκι του γλυκού Υγρός Καπνός
- 2 κουταλάκια του γλυκού καρυκεύματα για όλες τις χρήσεις
- 1 κουταλάκι του γλυκού καυτή σάλτσα Louisiana
- 2 Ζαμπόν
- 2 φλιτζάνια Ζαμπόν, κομμένο σε κύβους
- 2 φλιτζάνια Νερό

ΟΔΗΓΙΕΣ:

a) Τοποθετήστε όλα τα υλικά στο Instant Pot και ανακατέψτε να ενωθούν.

b) Τοποθετήστε και κλειδώστε το καπάκι και ρυθμίστε χειροκίνητα το χρόνο μαγειρέματος στα 30 λεπτά σε υψηλή πίεση.

c) Όταν τελειώσετε, αφήστε την πίεση να απελευθερωθεί φυσικά για 10 λεπτά και στη συνέχεια απελευθερώστε την γρήγορα.

d) Αφαιρέστε το κρέας από τα κόκαλα και ψιλοκόψτε όλο το κρέας, πετάγοντας τα κόκαλα.

e) Ανακατεύουμε να ενωθούν και σερβίρουμε ζεστό.

46. Τσίλι με φασόλια και μπρόκολο

Κάνει: 2

ΣΥΣΤΑΤΙΚΆ:
- 1 ματσάκι σπανάκι
- Αλάτι Ιμαλαΐων και φρεσκοτριμμένο μαύρο πιπέρι
- 2 κουταλιές της σούπας πελτέ ντομάτας
- 1 κρεμμύδι, ψιλοκομμένο
- 1 σκελίδα σκόρδο, λιωμένη
- 1 κόκκινο τσίλι, κομμένο σε λεπτές φέτες
- ½ κουταλάκι του γλυκού αλεσμένο κύμινο
- ½ κουταλάκι του γλυκού αλεσμένο κόλιανδρο
- 1 κεφάλι μπρόκολο, ψιλοκομμένο
- 1 κουτί ντομάτες ψιλοκομμένες
- Σφήνες λάιμ, για σερβίρισμα
- ½ κύβο ζωμό λαχανικών χωρίς μαγιά
- Dash Liquid Amino
- 200γρ κονσέρβα κόκκινα φασόλια, στραγγισμένα

ΟΔΗΓΙΕΣ:
a) Ζεσταίνουμε το ζωμό και βράζουμε στον ατμό το κρεμμύδι και το σκόρδο.
b) Προσθέστε τον κύβο ζωμού, τις ντομάτες, τον πουρέ ντομάτας, το τσίλι, το κύμινο, τον κόλιανδρο, τη σάλτσα Aminos, αλάτι και πιπέρι.
c) Σιγοβράζουμε για περίπου 20 λεπτά.
d) Συνδυάστε τα φασόλια και τον φρέσκο κόλιανδρο σε ένα μπολ και μαγειρέψτε για άλλα 9 λεπτά.
e) Συμπληρώστε με ωμό μπρόκολο και σπανάκι.

47. Τσιλιγέτι

Κάνει: 6–8 μερίδες

ΣΥΣΤΑΤΙΚΑ:
● 1 κιλό μοσχαρίσιο κιμά, ροδισμένο και στραγγισμένο
● 1 συσκευασία (8 ουγκιές) μακαρόνια, βρασμένα και στραγγισμένα
● ½ φλιτζάνι κρεμμύδι ψιλοκομμένο
● 1 φλιτζάνι κρέμα γάλακτος
● 2 κουτάκια (8 ουγγιές το καθένα) σάλτσα ντομάτας
● Μανιτάρια κομμένα σε φέτες 4 ουγγιών
● 2 κονσέρβες (16 ουγγιές το καθένα) τσίλι, οποιουδήποτε τύπου
● 1 σκελίδα σκόρδο, ψιλοκομμένη
● 2 φλιτζάνια τριμμένο τυρί τσένταρ

ΟΔΗΓΙΕΣ:
a) Προθερμαίνουμε τον φούρνο στους 350 βαθμούς.
b) Σε ένα μεγάλο μπολ ανακατεύουμε όλα τα υλικά εκτός από το τυρί.
c) Μεταφέρετε το μείγμα σε ένα ταψί με λαδόκολλα 9x13 ιντσών. Από πάνω με τυρί.
d) Ψήνουμε 20 λεπτά.

48. Μπολ Burrito για πρωινό με μάνγκο και φασόλια

Μερίδες:4

ΣΥΣΤΑΤΙΚΑ

- 1 παρτίδα πράσινο ρύζι
- 1 (15 ουγκιές) κουτί μαύρα φασόλια, ξεπλυμένα και στραγγισμένα
- 2 μέτρια προς μεγάλα ώριμα μάνγκο, κομμένα σε κύβους
- 1 αβοκάντο, κομμένο σε κύβους ή φέτες
- 1 κόκκινη πιπεριά κομμένη σε κύβους
- 1 φλιτζάνι καλαμπόκι, ψητό, ωμό ή σοταρισμένο
- ½ φλιτζάνι κόλιαντρο κομμένο σε κύβους
- ¼ φλιτζανιού κόκκινο κρεμμύδι σε κυβάκια
- 1 jalapeño, κομμένο σε φέτες
- Προαιρετικοί σάλτσες:
- Μάνγκο κόλιαντρο Jalapeño
- κόλιαντρο ασβέστη
- Σάλτσα κάσιους Jalapeño

ΚΑΤΕΥΘΥΝΣΕΙΣ

a) Αρχικά μαγειρέψτε το ρύζι σας σύμφωνα με τις οδηγίες της συνταγής. Ενώ το ρύζι σας μαγειρεύεται, μπορείτε να ψιλοκόψετε όλα τα λαχανικά και τα φρούτα σας για τα μπολ.

b) Όταν τελειώσετε, μοιράστε το ρύζι σε τέσσερα μπολ και, στη συνέχεια, μοιράστε τα μαύρα φασόλια, το μάνγκο, το αβοκάντο, την κόκκινη πιπεριά, το καλαμπόκι, τον κόλιανδρο, το κόκκινο κρεμμύδι και τις φέτες jalapeño ομοιόμορφα ανάμεσα στα μπολ.

c) Σερβίρουμε με φέτες λάιμ.

49. Μακρυκόκκο Ρύζι και φασόλι pinto

Μερίδες:4

ΣΥΣΤΑΤΙΚΑ

- 50 ml/2 fl oz φυτικό λάδι
- 1 κρεμμύδι, ψιλοκομμένο
- 300 ml/10½ oz. μακρύκοκκο ρύζι
- 400 ml/14½ oz. νερό
- 400 ml/14½ oz. γάλα καρύδας
- 400 g/14¼ oz από τενεκέ φασόλια pinto, ξεπλυμένα και στραγγισμένα
- 3 κουταλιές της σούπας φρέσκο θυμάρι
- αλάτι και φρεσκοτριμμένο μαύρο πιπέρι
- φρέσκο κόλιανδρο, για γαρνίρισμα

ΚΑΤΕΥΘΥΝΣΕΙΣ

a) Ζεσταίνουμε το λάδι σε ένα τηγάνι και τσιγαρίζουμε το κρεμμύδι μέχρι να γίνει διάφανο.

b) Προσθέτουμε το ρύζι, ανακατεύουμε καλά και προσθέτουμε το νερό και το γάλα καρύδας. Αφήνουμε να πάρει βράση.

c) Προσθέτουμε τα φασόλια και το θυμάρι, σιγοβράζουμε και σκεπάζουμε για περίπου 20 λεπτά μέχρι να ψηθεί το ρύζι. Αλατοπιπερώνουμε και φρεσκοτριμμένο μαύρο πιπέρι.

d) Σερβίρουμε γαρνίροντας με τον κόλιανδρο.

50. Κοτόπουλο λάιμ με αυγοτηγανισμένο ρύζι με μακριά κόκκους

Μερίδες: 2

ΣΥΣΤΑΤΙΚΑ
Για το Κοτόπουλο
2 στήθη κοτόπουλου χωρίς πέτσα
2 κουταλιές της σούπας σησαμέλαιο
2 κουταλάκια του γλυκού φυτικό λάδι
2 κουταλιές της σούπας σάλτσα σόγιας
2 σκελίδες σκόρδο, ψιλοκομμένες
½ λεμόνι, τριμμένο ξύσμα και χυμό
αλάτι και φρεσκοτριμμένο μαύρο πιπέρι
1 κουταλιά της σούπας διαυγές μέλι
Για το Ρύζι
2 κουταλιές της σούπας αραχιδέλαιο
2-3 κουταλάκια του γλυκού σησαμέλαιο
2 αυγά ελευθέρας βοσκής, ελαφρώς χτυπημένα
πιτσίλισμα σάλτσας σόγιας
2 φρέσκα κρεμμυδάκια, ψιλοκομμένα
50g/2oz φασόλια pinto, μαγειρεμένα
150g/5oz ρύζι μακρόσκοκο, μαγειρεμένο
αλάτι και φρεσκοτριμμένο μαύρο πιπέρι
3-4 κουταλιές της σούπας κόλιανδρο ψιλοκομμένο
φέτες λάιμ, για σερβίρισμα
Κατευθύνσεις
Για πεταλούδα, τα στήθη κοτόπουλου τα ακουμπούν σε μια
σανίδα και με ένα κοφτερό μαχαίρι κάνουν μια κοπή παράλληλα
με την κοπή στα τρία τέταρτα της διαδρομής από κάθε στήθος.
Ανοίξτε κάθε στήθος κοτόπουλου για να έχετε δύο μεγάλα, πιο
λεπτά στήθη κοτόπουλου.
Τοποθετήστε τα σε ένα μπολ με μια κουταλιά της σούπας
σησαμέλαιο, το φυτικό λάδι, τη σάλτσα σόγιας, το σκόρδο, το
ξύσμα λεμονιού και το χυμό.
Αλατοπιπερώνουμε και φρεσκοτριμμένο μαύρο πιπέρι και
ανακατεύουμε να ενωθούν. Σε ξεχωριστό μπολ ανακατεύουμε το
μέλι με το υπόλοιπο σησαμέλαιο.
Ζεσταίνουμε ένα τηγάνι σε μέτρια προς δυνατή φωτιά μέχρι να
καπνίσει και, στη συνέχεια, στρώνουμε το κοτόπουλο στο ταψί
και ψήνουμε για 2-3 λεπτά από κάθε πλευρά, αλείφοντας το μία ή
δύο φορές με το μείγμα μελιού και σουσαμιού.

Όταν γίνει, το κοτόπουλο πρέπει να ψηθεί στη σχάρα εξωτερικά και να ψηθεί τελείως. Αφήστε να ξεκουραστεί για 2-3 λεπτά.

Εν τω μεταξύ, για το ρύζι, ζεσταίνουμε ένα γουόκ σε δυνατή φωτιά και προσθέτουμε το φιστίκι και ένα κουταλάκι του γλυκού σησαμέλαιο. Όταν το λάδι αρχίσει να γυαλίζει, προσθέστε τα αυγά και μαγειρέψτε, ανακατεύοντας όλη την ώρα, για 1-2 λεπτά ή μέχρι να ανακατευτούν.

Σπρώξτε τα αυγά στο πλάι του τηγανιού και προσθέστε λίγο ακόμα σησαμέλαιο, τη σάλτσα σόγιας, τα φρέσκα κρεμμυδάκια και τα φασόλια και μαγειρέψτε για ένα λεπτό στη συνέχεια προσθέστε το ρύζι και αλατοπιπερώστε φρεσκοτριμμένο μαύρο πιπέρι.

Μαγειρέψτε, ανακατεύοντας συνεχώς, για 3-4 λεπτά ή μέχρι να ζεσταθεί. Ανακατεύουμε μέσα από τον κόλιανδρο.

Για να σερβίρετε, ρίχνετε με κουτάλι το ρύζι σε πιάτα. Κόβουμε το κοτόπουλο στη διαγώνιο σε λεπτές λωρίδες και το τοποθετούμε πάνω από το ρύζι. Από πάνω ρίχνουμε μια φέτα λάιμ.

51.Μακρύκοκκο Ράις Χόπιν Τζον

Μερίδες: 4

ΣΥΣΤΑΤΙΚΑ
2 κουταλιές της σούπας φυτικό λάδι
300g/10½oz μαγειρεμένο και τριμμένο μπέικον
1 πράσινη πιπεριά, ψιλοκομμένη
1 κόκκινη πιπεριά, ψιλοκομμένη
1 κόκκινο κρεμμύδι, ψιλοκομμένο
3 μπαστουνάκια σέλινο, ψιλοκομμένα
4 σκελίδες σκόρδο, λιωμένες
1 κουταλάκι του γλυκού αποξηραμένες νιφάδες τσίλι
2 φύλλα δάφνης
1 λίτρο/1¾ πίντα ζωμός κοτόπουλου ή λαχανικών
400g/14oz τενεκεδένια φασόλια pinto, στραγγισμένα και ξεπλυμένα
225g/8oz ρύζι μακρόσπερμου
2 κουταλιές της σούπας κρεόλ ή καρύκευμα για όλες τις χρήσεις
αλάτι και φρεσκοτριμμένο μαύρο πιπέρι
Για να εξυπηρετήσει
μια χούφτα φύλλα μαϊντανού πλατύφυλλα, ψιλοκομμένα
ματσάκι φρέσκα κρεμμυδάκια, ψιλοκομμένα

Κατευθύνσεις
Ζεσταίνουμε το λάδι σε ένα μεγάλο τηγάνι σε μέτρια φωτιά.
Προσθέστε το μπέικον στο τηγάνι και τηγανίστε μέχρι να γίνει
τραγανό. Αφαιρούμε με τρυπητή κουτάλα και στραγγίζουμε σε
χαρτί κουζίνας.
Προσθέστε το κρεμμύδι, τις πιπεριές, το σέλινο, το σκόρδο, τις
νιφάδες τσίλι, τα φύλλα δάφνης, τα καρυκεύματα κρεόλ, αλάτι και
πιπέρι στο τηγάνι και σοτάρετε σε χαμηλή προς μέτρια φωτιά
μέχρι να μαλακώσουν.
Ρίχνουμε το ζωμό και αφήνουμε να πάρει μια βράση.
Προσθέστε το ρύζι, τα φασόλια και το μπέικον και ανακατέψτε
καλά. Σκεπάζουμε και σιγοβράζουμε για 20 λεπτά ή μέχρι να
μαλακώσει το ρύζι και να απορροφηθεί το μεγαλύτερο μέρος των
υγρών.
Μοιράζουμε σε μπολ σερβιρίσματος, πασπαλίζουμε με τον
μαϊντανό και τα φρέσκα κρεμμυδάκια και σερβίρουμε.

52.Φασόλια και ρύζι με μεξικάνικη έμπνευση

Μερίδες: 8

ΣΥΣΤΑΤΙΚΑ

1 κουταλιά της σούπας μπουγιόν κοτόπουλου (μειωμένο νάτριο)
3 κουταλιές της σούπας πελτέ ντομάτας
1 κουταλάκι του γλυκού αλεσμένους σπόρους κόλιανδρου
1 κουταλάκι αλάτι
½ κουταλάκι του γλυκού σκόνη σκόρδου
¼ κουταλάκι του γλυκού πιπέρι
3 ½ φλιτζάνια νερό
2 φλιτζάνια μακρόκοκκο λευκό ρύζι, ξεπλυμένο με διχτυωτό σουρωτήρι
1 κόκκινη πιπεριά, με μίσχους, σπόρους και κομμένη σε κύβους
¼ φλιτζάνι ψιλοκομμένο κόκκινο κρεμμύδι
1 jalapeño, με μίσχο, με σπόρους και κομμένο σε κύβους
2 κουταλιές της σούπας κόλιαντρο ψιλοκομμένο
1 κονσέρβα (15 ουγγιές) φασόλια pinto, στραγγισμένα και ξεπλυμένα

Κατευθύνσεις

Σε μια κατσαρόλα, προσθέστε τη βάση κοτόπουλου, τον πελτέ ντομάτας, τον κόλιανδρο, αλάτι, σκόνη σκόρδου και πιπέρι. χτυπάμε να ενωθούν.

Ανακατεύουμε σταδιακά στο νερό, προσθέτουμε το ρύζι και ανακατεύουμε να ενωθούν. Τοποθετήστε μια κατσαρόλα σε μέτρια προς δυνατή φωτιά και αφήστε να πάρει μια βράση, ανακατεύοντας κατά διαστήματα.

Μειώστε τη φωτιά σε μέτρια προς χαμηλή, σκεπάστε. Συνεχίστε το μαγείρεμα μέχρι να απορροφηθούν τα υγρά, ανακατεύοντας κατά διαστήματα, περίπου 12-15 λεπτά. Αποσύρουμε από τη φωτιά και αφήνουμε να σταθεί σκεπασμένο για λίγα λεπτά. Τοποθετήστε το ρύζι σε ένα μεγάλο μπολ και προσθέστε πιπεριά, κρεμμύδι, jalapeño και κόλιαντρο. ανακατεύουμε να ενωθούν. Ρίξτε απαλά τα φασόλια και σερβίρετε.

53.Φασόλια Pinto και ρύζι με κόλιανδρο

Μερίδες 6

ΣΥΣΤΑΤΙΚΑ
Για το ρύζι:
1 φλιτζάνι μακρόσκοκο λευκό ρύζι
1 κουταλιά της σούπας ελαιόλαδο
κουτάκι 8 ουγκιών σάλτσα ντομάτας
1 κόκκινη πιπεριά χωρίς πυρήνα, ξεσποριασμένη και κομμένη στα τέσσερα
1 1/2 φλιτζάνι ζωμός κοτόπουλου ή ζωμός λαχανικών
3/4 κουταλάκι του γλυκού αλάτι kosher
1 κουταλάκι του γλυκού σκόνη σκόρδου
1/4 κουταλάκι του γλυκού τσίλι σε σκόνη
1/4 κουταλάκι του γλυκού κύμινο
1/2 φλιτζάνι ντομάτες σε κύβους
2 κουταλιές της σούπας ψιλοκομμένο κόλιαντρο για γαρνίρισμα προαιρετικά
Για τα φασόλια:
Κονσέρβα 15 ουγγιών φασόλια pinto στραγγισμένα και ξεπλυμένα
1/2 φλιτζάνι ζωμός κοτόπουλου ή ζωμός λαχανικών
1 κουταλιά της σούπας πελτέ ντομάτας
3/4 κουταλάκι του γλυκού αλάτι
3/4 κουταλάκι του γλυκού τσίλι σε σκόνη
1/2 φλιτζάνι pico de gallo για γαρνίρισμα προαιρετικά
Κατευθύνσεις

Για το ρύζι:
Ζεσταίνουμε το ελαιόλαδο σε μια κατσαρόλα 2 λίτρων σε μέτρια φωτιά. Προσθέτουμε το ρύζι και ανακατεύουμε μέχρι να αλειφθεί το ρύζι με λάδι. Μαγειρέψτε για περίπου 5 λεπτά ή μέχρι το ρύζι να φρυγανιστεί και να ροδίσει ελαφρά.
Προσθέστε όλα τα υπόλοιπα υλικά.
Επιστρέψτε την κατσαρόλα στον καυστήρα και αφήστε το περιεχόμενο να πάρει μια βράση.
Σκεπάζουμε την κατσαρόλα και χαμηλώνουμε τη φωτιά. μαγειρέψτε για 17 λεπτά.
Κατεβάζετε την κατσαρόλα από τη φωτιά και την αφήνετε να σταθεί σκεπασμένη για 5 λεπτά. Αφαιρέστε και πετάξτε τις πιπεριές. Ανακατέψτε καλά. Γαρνίρουμε με ντομάτες και φρέσκα κρεμμυδάκια αν θέλουμε.
Για τα φασόλια:
Βάζετε όλα τα υλικά σε ένα τηγάνι σε μέτρια προς δυνατή φωτιά και αφήνετε να σιγοβράσουν. Μαγειρέψτε για 7-10 λεπτά μέχρι να δέσει η σάλτσα. Δοκιμάστε και προσθέστε περισσότερο αλάτι ή σκόνη τσίλι αν χρειάζεται. Μπορείτε επίσης να προσθέσετε λίγο περισσότερο ζωμό κοτόπουλου εάν η σάλτσα γίνει πολύ πηχτή για τις προτιμήσεις σας. Γαρνίρετε με pico de gallo αν θέλετε.

54.Ισπανικά φασόλια και ρύζι Pinto

Μερίδες 2

ΣΥΣΤΑΤΙΚΑ
ΓΙΑ ΤΟ ΡΥΖΙ
2 φλιτζάνια ζωμό λαχανικών 475 ml
1 φλιτζάνι ρύζι μακρόσκοκο 190 γρ
1/4 κουταλάκι του γλυκού κλωστές σαφράν .17 γραμμ
πρέζα θαλασσινό αλάτι
παύλα μαύρο πιπέρι
ΓΙΑ ΤΑ ΦΑΣΟΛΙΑ
2 κουταλιές της σούπας εξαιρετικό παρθένο ελαιόλαδο 30 ml
1 μικρό κρεμμύδι
4 σκελίδες σκόρδο
1 καρότο
1 πράσινη πιπεριά
1 κουταλάκι του γλυκού καπνιστή ισπανική πάπρικα 2,30 γρ
1/2 κουταλάκι του γλυκού κύμινο τριμμένο 1,25 γρ
2 1/2 φλιτζάνια φασόλια κονσέρβας 400 γρ
1 φλιτζάνι ζωμό λαχανικών 240 ml
πρέζα θαλασσινό αλάτι
παύλα μαύρο πιπέρι
μια χούφτα φρέσκο μαϊντανό ψιλοκομμένο
Κατευθύνσεις
Προσθέστε 2 φλιτζάνια ζωμό λαχανικών σε μια κατσαρόλα,
τσιμπήστε 1/4 κουταλάκι του γλυκού κλωστές σαφράν και
αλατοπιπερώστε με θαλασσινό αλάτι & φρεσκοτριμμένο μαύρο
πιπέρι, ζεστάνετε σε δυνατή φωτιά
Εν τω μεταξύ, προσθέστε 1 φλιτζάνι μακρόκοκκο ρύζι σε ένα
σουρωτήρι και ξεπλύνετε με κρύο τρεχούμενο νερό, μέχρι το νερό
να τρέξει καθαρό κάτω από το κόσκινο.
Μόλις πάρει βράση ο ζωμός, προσθέστε το ρύζι στο τηγάνι,
ανακατέψτε το και βάλτε ένα καπάκι στο τηγάνι, χαμηλώστε σε
χαμηλή σε μέτρια φωτιά και σιγοβράστε μέχρι να ψηθεί το ρύζι.
Εν τω μεταξύ, ζεσταίνουμε ένα μεγάλο τηγάνι σε μέτρια φωτιά και
προσθέτουμε 2 κουταλιές της σούπας έξτρα παρθένο ελαιόλαδο,
μετά από 2 λεπτά προσθέτουμε 1 μικρό κρεμμύδι ψιλοκομμένο, 1
πράσινη πιπεριά ψιλοκομμένη, 1 καρότο (ξεφλουδισμένο)
ψιλοκομμένο και 4 σκελίδες σκόρδο χοντροκομμένα κιμάς,
ανακατεύουμε συνεχώς το λαχανικό με το ελαιόλαδο

Μετά από 4 λεπτά και τα λαχανικά σοταριστούν ελαφρά, προσθέστε 1 κουταλάκι του γλυκού καπνιστή ισπανική πάπρικα και 1/2 κουταλάκι του γλυκού αλεσμένο κύμινο, ανακατέψτε γρήγορα, στη συνέχεια προσθέστε 2 1/2 φλιτζάνια κονσέρβα φασόλια pinto (στραγγισμένα & ξεπλυμένα) και καρυκεύστε με θαλασσινό αλάτι & μαύρο πιπέρι, ανακατεύουμε απαλά μέχρι να αναμειχθούν καλά, μετά προσθέτουμε 1 φλιτζάνι ζωμό λαχανικών και σιγοβράζουμε σε μέτρια φωτιά

Μόλις ψηθεί το ρύζι (15 λεπτά στην περίπτωσή μου), αφαιρέστε το ρύζι από τη φωτιά, αφήστε το να καθίσει για 3 με 4 λεπτά με το καπάκι, αφαιρέστε το καπάκι και αφρατέψτε το ρύζι με ένα πιρούνι, μεταφέρετε το ρύζι στο σερβίρισμα των πιάτων

Πιάστε τα φασόλια που σιγοβράζουν (πρέπει να μείνει ακόμα λίγος ζωμός) και προσθέστε τα στο ταψί δίπλα στο ρύζι, πασπαλίστε με φρεσκοκομμένο μαϊντανό και απολαύστε!

55.Ρύζι και φασόλια μιας κατσαρόλας

Μερίδες: 4 μερίδες

ΣΥΣΤΑΤΙΚΑ
2 κουταλιές της σούπας ελαιόλαδο
1 κίτρινο κρεμμύδι, ψιλοκομμένο (περίπου 1 ¼ φλιτζάνι)
1 ¾ φλιτζάνι ζωμός κοτόπουλου ή λαχανικών ή νερό
1 κουταλάκι του γλυκού αλάτι
1 φλιτζάνι ρύζι με μακριά κόκκους
1 (15,5 ουγγιές) κουτί μαύρα ή φασόλια pinto
Φέτες λάιμ ή φύλλα κόλιανδρου, για γαρνίρισμα (προαιρετικά)
ΚΑΤΕΥΘΥΝΣΕΙΣ
Σε μια μεγάλη κατσαρόλα ή ολλανδικό φούρνο με σφιχτό καπάκι, ζεστάνετε το ελαιόλαδο σε μέτρια φωτιά. Προσθέστε το κρεμμύδι και σοτάρετε μέχρι να γίνει διάφανο, περίπου 3 λεπτά.
Προσθέτουμε το ζωμό, σκεπάζουμε και αφήνουμε να πάρει μια βράση.
Προσθέστε το αλάτι, το ρύζι και τα φασόλια (συμπεριλαμβανομένου του υγρού). Ανακατεύουμε να ενωθούν και μετά σκεπάζουμε.
Χαμηλώνουμε τη φωτιά όσο πάει και αφήνουμε να σιγοβράσει, ανενόχλητα, για 18 με 20 λεπτά. Αποσύρουμε από τη φωτιά και αφήνουμε για 4 λεπτά και στη συνέχεια αφρατέψουμε με ένα πιρούνι.
Αλατοπιπερώνετε κατά βούληση και μετά γαρνίρετε με λάιμ ή κόλιανδρο όπως θέλετε.

56.Φασόλια και ρύζι Southern Pinto

Μερίδες: 6 φλιτζάνια

ΣΥΣΤΑΤΙΚΑ
- 1 κιλό ξερά φασόλια pinto
- 8 φλιτζάνια νερό ή ζωμό
- 2 κουταλιές της σούπας αλάτι, για ολονύκτια μούλιασμα. επιτραπέζιο αλάτι
- 2 κουταλιές της σούπας κρεμμύδι σε σκόνη ή 1 φλιτζάνι φρέσκο κρεμμύδι σε κύβους
- 2 κουταλιές της σούπας σκόρδο σε σκόνη
- 2 φλιτζάνια ρύζι, καστανό ή λευκό ρύζι, μαγειρεμένο
- 1 καπνιστό ζαμπόν
- Αλάτι και πιπέρι για να γευτείς

Κατευθύνσεις
a) Βάλτε τα φασόλια σε ένα μεγάλο ολλανδικό φούρνο με κρεμμύδι και σκόρδο σε σκόνη, υγρό και πρωτεΐνη (προαιρετικά).
b) Μαγειρέψτε σε χαμηλή φωτιά, ακάλυπτα, για 3-4 ώρες ή μέχρι να μαλακώσουν. ελέγχετε συχνά τη στάθμη του υγρού. προσθέστε περισσότερα εάν χρειάζεται. όταν είναι τρυφερό, δοκιμάστε τα καρυκεύματα και προσαρμόστε ανάλογα
c) 1 λίβρα αποξηραμένα φασόλια pinto, 8 φλιτζάνια νερό ή ζωμό, 2 κουταλιές της σούπας κρεμμύδι σε σκόνη, 2 κουταλιές της σούπας σκόρδο σε σκόνη, 1 καπνιστό χοιρινό ζαμπόν

57.Φασόλια Pinto και Ρύζι και Λουκάνικο

Μερίδες: 6 μερίδες

ΣΥΣΤΑΤΙΚΑ

- 1 κιλό αποξηραμένα φασόλια pinto
- 6 φλιτζάνια νερό
- 1 ζαμπόν χοιρομέρι, ή ένα κρεατικό κόκκαλο ζαμπόν
- 1 μέτριο κρεμμύδι, ψιλοκομμένο
- 3 σκελίδες σκόρδο, ψιλοκομμένες
- 1 1/2 κουταλάκι του γλυκού αλάτι
- 1 κιλό καπνιστό λουκάνικο andouille, ή παρόμοιο καπνιστό λουκάνικο, κομμένο σε φέτες
- 1 (14 1/2 ουγγιά) κουτί ντομάτες, κομμένες σε κύβους
- 1 κονσέρβα (4 ουγκιά) ήπιες πράσινες πιπεριές τσίλι, ή ένα μείγμα από ήπιο και jalapeño, κομμένο σε κύβους
- 1/2 κουταλάκι του γλυκού νιφάδες κόκκινης πιπεριάς, θρυμματισμένες, προαιρετικά
- 4 φλιτζάνια μαγειρεμένο άσπρο ρύζι, μακρύκοκκο ή γρηγορότερο, ζεστό βρασμένο

ΚΑΤΕΥΘΥΝΣΕΙΣ

a) Το προηγούμενο βράδυ βάλτε τα φασόλια pinto σε ένα μεγάλο μπολ ή κατσαρόλα και καλύψτε με νερό σε βάθος περίπου 3 ίντσες πάνω από τα φασόλια. Αφήστε τα να σταθούν για 8 ώρες ή όλη τη νύχτα. Στραγγίζουμε καλά.

b) Συνδυάστε τα μουλιασμένα και στραγγισμένα φασόλια με νερό, ζαμπόν, κρεμμύδι και σκόρδο σε μια μεγάλη κατσαρόλα ή ολλανδικό φούρνο σε δυνατή φωτιά. αφήνουμε να πάρει μια βράση. Καλύψτε και μειώστε τη φωτιά σε μέτρια. μαγειρέψτε τα φασόλια για 45 λεπτά ή μέχρι να μαλακώσουν τα φασόλια.*

c) Προσθέστε το αλάτι, το λουκάνικο κομμένο σε φέτες, τις ντομάτες, τις απαλές πιπεριές τσίλι και τις νιφάδες θρυμματισμένης κόκκινης πιπεριάς, αν θέλετε. Σκεπάζουμε, χαμηλώνουμε τη φωτιά και σιγοβράζουμε για 1 ώρα, ανακατεύοντας κατά διαστήματα.

d) Αφαιρέστε το ζαμπόν και αφαιρέστε το κρέας από το κόκαλο. Ψιλοκόψτε το ζαμπόν με ένα πιρούνι ή ψιλοκόψτε. Επιστρέψτε το ζαμπόν στο μείγμα των φασολιών.

e) Σερβίρετε τα φασόλια πάνω από ζεστό μαγειρεμένο ρύζι.

58.Γκαλοπίντο

Μερίδες: 8 μερίδες

ΣΥΣΤΑΤΙΚΑ
ΓΙΑ ΤΑ ΦΑΣΟΛΙΑ
- 1 (16 ουγκιές) σακούλα αποξηραμένα φασόλια Pinto
- Αλας
- 7 σκελίδες σκόρδο, καθαρισμένες

ΓΙΑ ΤΟ ΡΥΖΙ
- 1/4 φλιτζάνι φυτικό λάδι, χωρισμένο
- 1 μέτριο κίτρινο κρεμμύδι, ψιλοκομμένο (περίπου 1 φλιτζάνι), χωρισμένο
- 1 1/2 φλιτζάνι μακρόσκοκο λευκό ρύζι
- 3 φλιτζάνια νερό ή ζωμό κότας με χαμηλή περιεκτικότητα σε νάτριο
- 1/2 πράσινη πιπεριά, καθαρισμένη και ξεσποριασμένη

ΚΑΤΕΥΘΥΝΣΕΙΣ
ΓΙΑ ΤΑ ΦΑΣΟΛΙΑ:
a) Απλώστε τα φασόλια σε ένα φύλλο ψησίματος με στεφάνι. Διαλέξτε τυχόν υπολείμματα και σπασμένα φασόλια. Μεταφέρετε τα φασόλια σε ένα σουρωτήρι και ξεπλύνετε με κρύο τρεχούμενο νερό. Τοποθετήστε τα ξεπλυμένα φασόλια σε μια μεγάλη κατσαρόλα και καλύψτε τα με κρύο νερό. αφήστε να μουλιάσει για 30 λεπτά.

b) Αφήνουμε να βράσει σε δυνατή φωτιά. Μειώστε τη φωτιά σε μέτρια και σιγοβράστε τα φασόλια για 30 λεπτά. Σβήνουμε τη φωτιά, σκεπάζουμε τα φασόλια και αφήνουμε να ξεκουραστούν για 1 ώρα. Ξαναβάζουμε τα φασόλια να βράσουν σε δυνατή φωτιά. Προσθέστε 2 κουταλάκια του γλυκού αλάτι και σκόρδο, μειώστε τη φωτιά σε μέτρια και σιγοβράστε μέχρι να μαλακώσουν τα φασόλια για 30 έως 60 λεπτά.

ΓΙΑ ΤΟ ΡΥΖΙ:
c) Ζεσταίνουμε 2 κουταλιές της σούπας λάδι σε μια μεγάλη κατσαρόλα με βαρύ πάτο σε μέτρια φωτιά μέχρι να γυαλίσει. Προσθέστε τα 2/3 του κρεμμυδιού και μαγειρέψτε, ανακατεύοντας, μέχρι να μαλακώσει και να γίνει διάφανο, περίπου 5 λεπτά.

d) Προσθέστε το ρύζι και μαγειρέψτε, ανακατεύοντας, μέχρι οι κόκκοι να γυαλίσουν και να επικαλυφθούν ομοιόμορφα με λάδι, για 2 με 3 λεπτά. Προσθέστε νερό ή ζωμό και 1 1/2 κουταλάκι του γλυκού αλάτι, δυναμώστε τη φωτιά και αφήστε να πάρει μια βράση. Βάλτε πιπεριά πάνω από το ρύζι.

e) Βράζετε το ρύζι χωρίς να το ανακατεύετε μέχρι να εξατμιστούν τα περισσότερα υγρά και να δείτε μικρές φυσαλίδες να σκάνε στην επιφάνεια του ρυζιού. Χαμηλώνετε αμέσως τη φωτιά στη χαμηλότερη ρύθμιση, σκεπάζετε και μαγειρεύετε (μην ανακατεύετε, μην αφαιρείτε το καπάκι) για 15 λεπτά. Αφαιρέστε και πετάξτε την πιπεριά. Αφράτε το ρύζι με ξυλάκια ή πιρούνι, μετά αφήστε το να κρυώσει και βάλτε το στο ψυγείο για 1 μέρα.

ΓΙΑ ΤΟ GALLOPINTO:

f) Ζεσταίνουμε τις υπόλοιπες 2 κουταλιές της σούπας λάδι σε μια μεγάλη κατσαρόλα σε μέτρια προς δυνατή φωτιά μέχρι να γυαλίσει. Προσθέστε το υπόλοιπο κρεμμύδι και μαγειρέψτε, ανακατεύοντας, μέχρι να μαλακώσει και να γίνει διάφανο, περίπου 5 λεπτά.

g) Προσθέστε το ρύζι και 2 φλιτζάνια φασόλια στο τηγάνι και μαγειρέψτε, ανακατεύοντας, μέχρι το ρύζι να επικαλυφθεί ομοιόμορφα. Συνεχίστε το μαγείρεμα, ανακατεύοντας, για να ενωθούν οι γεύσεις και το μείγμα να γίνει ελαφρώς τραγανό, περίπου 10 λεπτά. Σκεπάζουμε και μαγειρεύουμε σε χαμηλή φωτιά για άλλα 10 λεπτά.

59.Σάλτσα φασολιών & ντομάτες πάνω από ρύζι

Μερίδες: 6 μερίδες

ΣΥΣΤΑΤΙΚΑ
1 φλιτζάνι φασόλια, μουλιασμένα
2 τσίλι Serrano, με σπόρους & ψιλοκομμένα
½ κουταλιά της σούπας Τζίντζερ, τριμμένο
1 κάθε φύλλο δάφνης
¼ κουταλάκι του γλυκού Κουρκουμάς
4 φλιτζάνια Νερό
1⅓ φλιτζάνι απόθεμα
¼ φλιτζάνι κόλιανδρο
Αλάτι πιπέρι
2 κουταλιές της σούπας πεκάν, ψιλοκομμένο & φρυγανισμένο
2 κουταλιές της σούπας ελαιόλαδο
4 ντομάτες σε κύβους
1 κουταλάκι του γλυκού τσίλι σε σκόνη
1 κουταλιά της σούπας φρέσκια μαντζουράνα
1 κουταλάκι του γλυκού σιρόπι σφενδάμου
5 φλιτζάνια Νερό
1 ½ φλιτζάνι Ρύζι μακρόκοκκο
2 Καρότα, ψιλοκομμένα
1 κάθε ξυλάκι κανέλας 3"
½ κουταλιά της σούπας ελαιόλαδο

Κατευθύνσεις

Μαγειρέψτε τα φασόλια για 1½ έως 2 ώρες, μέχρι να μαλακώσουν τα φασόλια. Πετάξτε το φύλλο δάφνης &

ΣΑΛΤΣΑ:

Συνδυάστε στραγγισμένα φασόλια, τσίλι, τζίντζερ, δάφνη, κουρκουμά & νερό σε μια μεγάλη κατσαρόλα.

Αφήνουμε να πάρει βράση, χαμηλώνουμε τη φωτιά, σκεπάζουμε και μαγειρεύουμε.

Βάλτε τα φασόλια, το ζωμό και τον κόλιανδρο σε έναν επεξεργαστή τροφίμων και πολτοποιήστε σε μια χοντρή σάλτσα. Αλατοπιπερώνουμε, προσθέτουμε τα πεκάν και ξαναζεσταίνουμε ελαφρά.

ΝΤΟΜΑΤΕΣ:

Συνδυάστε τις ντομάτες, τη σκόνη τσίλι, τη μαντζουράνα & το σιρόπι σε ένα τηγάνι. Αλατοπιπερώνουμε και τηγανίζουμε σε μέτρια φωτιά μέχρι να αρχίσει να καραμελώνει η ντομάτα, περίπου 10 λεπτά. Διατηρείται ζεστό σε χαμηλή φωτιά.

ΡΥΖΙ:

Βράζουμε νερό και προσθέτουμε ρύζι, καρότα και κανέλα. Μαγειρέψτε μέχρι να μαλακώσει το ρύζι, 10 έως 12 λεπτά εάν χρησιμοποιείτε λευκό ρύζι. Στραγγίστε και πετάξτε την κανέλα και ξεπλύνετε για λίγο με τρεχούμενο νερό.

Επιστρέψτε στο τηγάνι και ρίξτε λάδι.

Για να το σερβίρετε, ρίχνετε με κουτάλι ρύζι σε ζεστά πιάτα, προσθέτετε σάλτσα φασολιών και πασπαλίζετε με ντομάτες.

60.Φασόλια Cajun pinto

Μερίδες: 8

ΣΥΣΤΑΤΙΚΑ
1 κάθε Μικρό σακουλάκι με φασόλια, πλυμένα και κομμένα
¼ φλιτζάνι Αλεύρι
¼ φλιτζάνι γράσο μπέικον
1 μεγάλο κρεμμύδι, ψιλοκομμένο
6 σκελίδες σκόρδο, ψιλοκομμένες
½ φλιτζάνι σέλινο, ψιλοκομμένο
1 κάθε φύλλο δάφνης
¼ φλιτζάνι τσίλι σε σκόνη
2 κουταλιές της σούπας αλεσμένο κύμινο
1 κουτί ντομάτες με τσίλι
Αλάτι για γεύση
2 κιλά Ζαμπόν χοιρινό ή αλάτι ΠΡΟΑΙΡΕΤΙΚΑ
Ψιλοκομμένο κόλιανδρο
2 φλιτζάνια ρύζι μακρόκοκκο, μαγειρεμένο

Κατευθύνσεις
Μαζέψτε τα φασόλια και πλύνετε. Μουλιάστε 1 μικρό σακουλάκι
φασόλια pinto όλη τη νύχτα σε κρύο νερό και 1 κουταλιά της
σούπας μαγειρική σόδα. Ξεπλύνετε τα φασόλια και μαγειρέψτε
για 1 ώρα. Αλλάξτε το νερό και προσθέστε ξανά 1 κουταλιά της
σούπας μαγειρική σόδα. Μαγειρέψτε για άλλη μια ή δύο ώρες και
αλλάξτε το νερό για τελευταία φορά, προσθέστε μαγειρική σόδα
και μαγειρέψτε μέχρι να γίνει.
Τηγανίζουμε ¼ φλιτζάνι αλεύρι και ¼ φλιτζάνι γράσο μπέικον
στο σκούρο ρου (χρώμα του κακάο). Προσθέστε και ανακατέψτε
τα εξής μέχρι να μαραθούν: 1 μεγάλο κρεμμύδι ψιλοκομμένο, 5 ή 6
σκελίδες σκόρδο ψιλοκομμένο, ½ φλιτζάνι ψιλοκομμένο σέλινο, 1
φύλλο δάφνης και κόλιανδρο.
Προσθέστε σκόνη τσίλι, κύμινο και ντομάτες με τσίλι και αλάτι για
γεύση.
Μπορεί να μαγειρευτεί με χοιρινό ζαμπόν ή αλάτι.
Η χρήση αυτού του roux προσθέτει μια πραγματικά υπέροχη
γεύση στα φασόλια pinto.
Σερβίρουμε με ρύζι μακριού κόκκου.

61.Ρύζι & φασόλια με τυρί

Μερίδες:5

ΣΥΣΤΑΤΙΚΑ

- 1⅓ φλιτζάνι Νερό
- 1 φλιτζάνι καρότα τριμμένα
- 1 κουταλάκι του γλυκού μπουγιόν κοτόπουλου
- ¼ κουταλάκι του γλυκού Αλάτι
- 15 ουγγιές Can Beans Pinto, στραγγισμένα
- 8 ουγγιές Απλό γιαούρτι χωρίς λιπαρά
- ½ φλιτζάνι τριμμένο τυρί τσένταρ με χαμηλά λιπαρά
- ⅔ φλιτζάνι Ρύζι με μακριά κόκκους
- ½ φλιτζάνι Πράσινα κρεμμυδάκια σε φέτες
- ½ κουταλάκι του γλυκού Αλεσμένος κόλιανδρος
- 1 κουταλάκι του γλυκού Σάλτσα καυτερής πιπεριάς
- 1 φλιτζάνι τυρί κότατζ χαμηλών λιπαρών
- 1 κουταλιά της σούπας ψιλοκομμένο φρέσκο μαϊντανό

ΚΑΤΕΥΘΥΝΣΕΙΣ

a) Σε μια μεγάλη κατσαρόλα ανακατεύουμε νερό, ρύζι, καρότα, φρέσκα κρεμμυδάκια, κόκκους μπουγιόν, κόλιανδρο, αλάτι και εμφιαλωμένη σάλτσα καυτερής πιπεριάς.

b) Φέρτε σε βρασμό. μειώστε τη θερμότητα. Σκεπάζουμε και σιγοβράζουμε για 15 λεπτά ή μέχρι να μαλακώσει το ρύζι και να απορροφηθεί το νερό.

c) Ανακατέψτε τα φασόλια pinto ή navy, το τυρί cottage, το γιαούρτι και τον μαϊντανό.

d) Ρίξτε με κουτάλι ένα ταψί 10x6x2".

e) Ψήνετε, σκεπασμένο, σε φούρνο στους 350 βαθμούς για 20-25 λεπτά ή μέχρι να ζεσταθεί. Πασπαλίζουμε με τυρί τσένταρ. Ψήνετε, ξεσκέπαστο, για 3-5 λεπτά ακόμη ή μέχρι να λιώσει το τυρί.

62.Φασόλια Pinto και ρύζι σαφράν

Μερίδες: 4
ΣΥΣΤΑΤΙΚΑ
Φασόλια
3 φλιτζάνια αποξηραμένα φασόλια pinto
1/2 ραβδί βούτυρο
1/3 φλιτζανιού λαρδί
1/2 φλιτζάνι σοφρίτο
1 μεγάλο κρεμμύδι κομμένο σε κύβους
3 λίτρα νερό
Ρύζι
1-1/2 φλιτζάνι ρύζι με μακριά κόκκους
3 φλιτζάνια ζωμό κότας
1/2 κουταλάκι του γλυκού κλωστές σαφράν
1-1/2 κουταλάκι του γλυκού αλάτι kosher
1/2 φλιτζάνι νερό
1 κουταλιά της σούπας βούτυρο
Ξίδι Σάλτσα καυτερής πιπεριάς

Κατευθύνσεις
Πλύνετε τα φασόλια και αφαιρέστε όλα τα ξένα αντικείμενα όπως κουκούτσια και κακά φασόλια.
Ψιλοκόβουμε τα κρεμμύδια.
Προσθέστε το κρεμμύδι, τα φασόλια, το σοφρίτο, το νερό και το βούτυρο.
Αφήνουμε να ζεσταθεί για 4 λεπτά και προσθέτουμε το λαρδί.
Σκεπάζουμε και βράζουμε για 15 λεπτά ανακατεύουμε, σκεπάζουμε ξανά και μειώνουμε τη φωτιά στο μισό. Μαγειρέψτε μέχρι να μαλακώσουν τα φασόλια και μετά προσθέστε αλάτι.
Λιώνουμε το βούτυρο και προσθέτουμε το ρύζι. Ανακατεύουμε καλά και προσθέτουμε το σαφράν, το ζωμό και το νερό.
Βράζετε το ρύζι ανακατεύοντας κατά διαστήματα και μετά όταν απορροφηθούν τα υγρά το σκεπάζετε και το αποσύρετε από τη φωτιά μην το ενοχλείτε για 20 λεπτά.
Σερβίρουμε με τα φασόλια πάνω από το ρύζι. Προσθέστε το ξύδι και τη σάλτσα καυτερής πιπεριάς.

63.Taco Καρύκευμα ρυζιού με φασόλια pinto

Μερίδες: 6 Μερίδες

ΣΥΣΤΑΤΙΚΑ
2 φλιτζάνια Νερό
8 ουγγιές σάλτσα ντομάτας
1 πακέτο μείγμα καρυκευμάτων taco
1 φλιτζάνι Καλαμπόκι
½ φλιτζάνι πράσινη πιπεριά -- ψιλοκομμένη
½ κουταλάκι του γλυκού Ρίγανη
⅛ κουταλάκι του γλυκού σκόνη σκόρδου
1 φλιτζάνι ρύζι με μακριά κόκκους
16 ουγγιές φασόλια Pinto, σε κονσέρβα
Κατευθύνσεις
Σε μια μέτρια κατσαρόλα ανακατεύουμε όλα τα υλικά, εκτός από το ρύζι και τα φασόλια.
Φέρτε το μείγμα σε βράση σε μέτρια φωτιά. Ρίξτε ρύζι και τα φασόλια.
Όταν το μείγμα βράσει ξανά, ανακατέψτε, στη συνέχεια χαμηλώστε τη φωτιά σε μέτρια προς χαμηλή, σκεπάστε και σιγοβράστε μέχρι να ψηθεί το μεγαλύτερο μέρος του υγρού, 45 λεπτά έως 1 ώρα.
Αποσύρουμε από τη φωτιά και αφήνουμε στην άκρη σκεπασμένο για 5 λεπτά.
Ανακατέψτε καλά.

64.Ινδικό ρύζι κολοκύθας και φασόλια

Μερίδες: 8

ΣΥΣΤΑΤΙΚΑ
1 κουταλιά της σούπας λάδι Canola
1 μέτριο κίτρινο κρεμμύδι? ψιλοκομμένο
2 σκελίδες σκόρδο? κιμάς
2 φλιτζάνια κύβοι κολοκύθας
2 κουταλάκια του γλυκού κάρυ σε σκόνη
½ κουταλάκι του γλυκού μαύρο πιπέρι
½ κουταλάκι του γλυκού Αλάτι
¼ κουταλάκι του γλυκού Αλεσμένα γαρίφαλα
1 ½ φλιτζάνι μακρόσκοκο λευκό ρύζι
1 φλιτζάνι λάχανο ή σπανάκι χοντροκομμένο
15 ουγγιές μαγειρεμένα φασόλια pinto? στραγγίζεται και
ξεπλένεται
Κατευθύνσεις
Σε μια μεγάλη κατσαρόλα ζεσταίνουμε το λάδι σε μέτρια φωτιά.
Προσθέστε το κρεμμύδι και το σκόρδο και μαγειρέψτε,
ανακατεύοντας, για 5 λεπτά μέχρι το κρεμμύδι να γίνει διάφανο.
Προσθέστε την κολοκύθα, το κάρυ, το πιπέρι, το αλάτι και το
γαρύφαλλο και μαγειρέψτε για 1 λεπτό ακόμα.
Προσθέτουμε 3 φλιτζάνια νερό και το ρύζι, σκεπάζουμε και
αφήνουμε να σιγοβράσει. Μαγειρέψτε σε μέτρια προς χαμηλή
φωτιά για περίπου 15 λεπτά.
Προσθέστε το λάχανο και τα φασόλια και μαγειρέψτε για περίπου
5 λεπτά ακόμα.
Αφρατεύουμε το ρύζι και σβήνουμε τη φωτιά. Αφήστε το να
σταθεί για 10 με 15 λεπτά πριν το σερβίρετε.

65.Μεξικάνικα φασόλια καουμπόη

Μερίδες: 6

ΣΥΣΤΑΤΙΚΑ

- ½ λίβρα φασόλια Pinto, αποξηραμένα
- 1 Κρεμμύδι, λευκό, μεγάλο
- 3 σκελίδες σκόρδο, λιωμένες
- 2 κλωναράκια κόλιανδρο
- ¼ φλιτζάνι ζωμός λαχανικών ή νερό
- 6 ουγκιές. (3/4 φλιτζανιού) chorizo
- 2 τσίλι Serrano, κιμά
- 1 ντομάτα μεγάλη σε κύβους

ΚΑΤΕΥΘΥΝΣΕΙΣ

a) Μουλιάζουμε τα φασόλια σε νερό όλη τη νύχτα.

b) Την επόμενη μέρα τα σουρώνουμε και τα τοποθετούμε σε μια μεγάλη κατσαρόλα. Ρίξτε αρκετό νερό στην κατσαρόλα για να γεμίσει τα ¾ της διαδρομής.

c) Κόψτε το κρεμμύδι σας στη μέση. Βάζουμε ½ το κρεμμύδι, τα κλωναράκια κόλιανδρου και 3 σκελίδες σκόρδο στην κατσαρόλα με τα φασόλια. Κρατήστε το άλλο μισό κρεμμύδι.

d) Βράστε το νερό και αφήστε τα φασόλια να μαλακώσουν μέχρι να μαλακώσουν, περίπου 1 ½ ώρα.

e) Όσο ψήνονται τα φασόλια ζεσταίνουμε ένα μεγάλο τηγάνι σε μέτρια προς δυνατή φωτιά. Προσθέστε chorizo και σοτάρετε μέχρι να ροδίσουν ελαφρά, περίπου 4 λεπτά. Όσο ψήνεται το chorizo, κόβουμε σε κύβους το άλλο μισό κρεμμύδι.

f) Βγάζουμε το chorizo από το τηγάνι και το αφήνουμε στην άκρη. Προσθέστε ¼ φλιτζάνι νερό, το κρεμμύδι ψιλοκομμένο και τις πιπεριές Serrano στο τηγάνι. Ιδρώστε το κρεμμύδι και το τσίλι μέχρι να μαλακώσουν και να γίνουν διάφανα για περίπου 4-5 λεπτά. Προσθέστε την ντομάτα και αφήστε να μαγειρευτεί για 7-8 λεπτά ακόμη ή μέχρι να διαλυθεί η ντομάτα και να βγάλει όλους τους χυμούς της.

g) Προσθέστε αυτό το μείγμα και το chorizo στην κατσαρόλα με τα φασόλια και αφήστε τα να σιγοβράσουν για άλλα 20 λεπτά ή μέχρι να μαλακώσουν τελείως τα φασόλια. Αλατοπιπερώνετε με αλάτι και πιπέρι.

h) Πριν σερβίρετε, αφαιρέστε το μισό κρεμμύδι, το κλωναράκι κόλιανδρου και τις σκελίδες σκόρδου από τα φασόλια. Αλατοπιπερώνουμε

66.Γιορτή της Καραϊβικής

ΣΥΣΤΑΤΙΚΑ
ΤΖΑΚΦΡΟΥΤ JERK

- 3 κονσέρβες Young Jack Fruit σε άλμη, στραγγισμένες και στεγνωμένες και κομμένες σε μικρά κομμάτια
- 1 κουταλιά της σούπας Vita Coca Oil Coconut
- 3 φρέσκα κρεμμυδάκια, κομμένα σε φέτες
- 3 Σκελίδες Σκόρδο, ψιλοκομμένες
- 1/2 τσίλι Scotch Bonnet (χρησιμοποιήστε ένα πλήρες 1 για επιπλέον πικάντικο)
- Κομμάτι τζίντζερ σε μέγεθος αντίχειρα, ψιλοκομμένο
- 1 κίτρινη πιπεριά ξεσποριασμένη & κομμένη σε κύβους
- 1 φλιτζάνι/200 γραμμάρια μαύρα φασόλια, από κονσέρβα. Στραγγίζεται & ξεπλένεται.
- 1 κουταλιά της σούπας All Spice
- 2 κουταλάκια του γλυκού αλεσμένη κανέλα
- 3 κουταλιές της σούπας σάλτσα σόγιας
- 5 κουταλιές της σούπας πελτέ ντομάτας
- 4 κουταλιές της σούπας ζάχαρη καρύδας
- 1 φλιτζάνι/240 ml χυμός ανανά
- Χυμός 1 λάιμ
- 1 κουταλιά της σούπας φρέσκα φύλλα θυμαριού
- 2 κουταλάκια του γλυκού Θαλασσινό Αλάτι
- 1 κουταλάκι του γλυκού Σπασμένο μαύρο πιπέρι

ΡΥΖΙ & ΜΠΙΖΕΛΑ

- 1 Tin Kidney Beans, με κράτηση σε υγρό
- 1 Κονσέρβα γάλα καρύδας
- 3 κουταλιές της σούπας φρέσκο θυμάρι
- Πρέζα θαλασσινό αλάτι & μαύρο πιπέρι
- 1 & 1/2 φλιτζάνι/340 γρ Ρύζι με μακριά κόκκους, ξεπλυμένο
- Ζωμός λαχανικών, αν χρειαστεί.

ΤΗΓΑΝΙΣΜΕΝΟ ΠΛΑΝΤΑΝΙ

- 2 Plantain, ξεφλουδισμένα και κομμένα σε δίσκους cm

- 2 κουταλιές της σούπας Vita Coca Oil Coconut
- 2 κουταλιές της σούπας ζάχαρη καρύδας
- Ρίξε Αλάτι & Πιπέρι

ΣΑΛΑΤΑ ΜΑΝΓΚΟ

- 1/2 φρέσκο μάνγκο, ξεφλουδισμένο και κομμένο σε κύβους
- 1 κουταλάκι του γλυκού φρέσκο τσίλι, ψιλοκομμένο
- Μια χούφτα φρέσκο κόλιανδρο
- Χυμός από μισό λάιμ
- Φρέσκια ανάμεικτη σαλάτα

ΚΑΤΕΥΘΥΝΣΕΙΣ

a) Αρχικά, τοποθετήστε μια μεγάλη κατσαρόλα ή ένα τηγάνι σε μέτρια φωτιά. Προσθέστε το λάδι καρύδας και μετά το κρεμμύδι, το σκόρδο, το τζίντζερ, το τσίλι & την κίτρινη πιπεριά. Αφήστε το μείγμα να μαλακώσει για 3 λεπτά πριν προσθέσετε τα μπαχαρικά και μαγειρέψετε για άλλα 2 λεπτά. Προσθέστε μια πρέζα καρύκευμα.

b) Προσθέστε το jackfruit στο τηγάνι και ανακατέψτε καλά, μαγειρέψτε το μείγμα για 3-4 λεπτά.

c) Στη συνέχεια προσθέτουμε τη ζάχαρη καρύδας & τα μαύρα φασόλια. Συνεχίστε να ανακατεύετε και στη συνέχεια προσθέστε τη σάλτσα σόγιας, τον πουρέ ντομάτας και τον χυμό ανανά. Χαμηλώνουμε τη φωτιά και προσθέτουμε το χυμό λάιμ και μερικά ψιλοκομμένα φύλλα φρέσκου θυμαριού.

d) Ανοίξτε το καπάκι και αφήστε το jackfruit να ψηθεί για περίπου 12-15 λεπτά.

e) Για το ρύζι, προσθέστε τα υλικά σε μια κατσαρόλα και σκεπάστε το καπάκι. Τοποθετήστε το τηγάνι σε χαμηλή φωτιά και αφήστε το ρύζι να απορροφήσει όλα τα υγρά μέχρι να γίνει ελαφρύ και αφράτο. αυτό πρέπει να διαρκέσει 10-12 λεπτά. Εάν το ρύζι σας στεγνώσει πολύ πριν μαγειρευτεί, προσθέστε λίγο νερό ή ζωμό λαχανικών.

f)   επόμενο, το πλαντάν. Προθερμαίνουμε ένα αντικολλητικό τηγάνι σε μέτρια φωτιά και προσθέτουμε το λάδι καρύδας, όταν ζεσταθεί προσθέτουμε τις φέτες πλαντανιού και ψήνουμε και από τις δύο πλευρές για 3-4 λεπτά μέχρι να καραμελώσουν και να ροδίσουν. καρυκεύουμε με ζάχαρη καρύδας, αλάτι & πιπέρι.

g)   για τη σαλάτα απλά ανακατεύουμε όλα τα υλικά μαζί σε ένα μικρό μπολ.

h)   σερβίρετε τα πάντα μαζί, απολαύστε.

67.Τζαμάικα Τζακφρουτ και φασόλια με ρύζι

Μερίδες:2

ΣΥΣΤΑΤΙΚΑ
- 1 κρεμμύδι
- 2 σκελίδες σκόρδο
- 1 τσίλι
- 2 ντομάτες αμπέλου
- 2 κουταλάκια του γλυκού καρυκεύματα Τζαμάικας
- 400 γρ κονσέρβα φασόλια
- 400 γραμμάρια κονσέρβας jackfruit
- 200 ml γάλα καρύδας
- 150 γρ λευκό μακρόσκοκο ρύζι
- 50 γρ σπανάκι με φύλλα μωρού
- Θαλασσινό αλάτι
- Φρεσκοτριμμένο πιπέρι
- 1 κουταλιά της σούπας ελαιόλαδο
- 300 ml βραστό νερό

ΚΑΤΕΥΘΥΝΣΕΙΣ

j) Καθαρίζουμε και ψιλοκόβουμε το κρεμμύδι. Καθαρίζουμε και τρίβουμε τις σκελίδες σκόρδου. Κόψτε το τσίλι στη μέση, βγάζοντας τους σπόρους και τη μεμβράνη για λιγότερη φωτιά και ψιλοκόψτε. Ψιλοκόβουμε τις ντομάτες.

k) Ρίχνουμε 1 κουταλιά της σούπας λάδι σε ένα μεγάλο τηγάνι και το αφήνουμε σε μέτρια φωτιά. Ρίξτε μέσα τα κρεμμύδια και μια καλή πρέζα αλάτι και πιπέρι. Τηγανίζουμε για 4-5 λεπτά, ανακατεύοντας κατά διαστήματα, μέχρι να μαλακώσουν και να πάρουν ελαφρά χρώμα. Προσθέστε το σκόρδο, το τσίλι και 2 κουταλάκια του γλυκού καρυκεύματα Τζαμάικας και συνεχίστε να τηγανίζετε για άλλα 2 λεπτά

l) Ρίξτε τις ψιλοκομμένες ντομάτες στο τηγάνι. Στραγγίζουμε τα φασόλια και τα τζακφρουτ και τα προσθέτουμε στο τηγάνι. Ρίξτε μέσα το γάλα καρύδας. Ανακατεύουμε καλά και αφήνουμε να πάρει βράση, στη συνέχεια σκεπάζουμε εν μέρει με ένα καπάκι και σιγομαγειρεύουμε απαλά για 20 λεπτά Κατά τη διάρκεια του μαγειρέματος, χρησιμοποιούμε μια ξύλινη κουτάλα κάθε τόσο για να σπάμε λίγο τα κομμάτια του ζακετού.

m) Ρίξτε το ρύζι σε ένα σουρωτήρι και ξεπλύνετε καλά με κρύο νερό. Ρίξτε σε ένα μικρό τηγάνι και προσθέστε 300 ml βραστό νερό και μια πρέζα αλάτι. Σκεπάζουμε ένα καπάκι και αφήνουμε να πάρει βράση, στη συνέχεια γυρίζουμε δεξιά και σιγοβράζουμε πολύ απαλά για 8 λεπτά, μέχρι να απορροφηθεί όλο το νερό. Κατεβάζετε το ρύζι από τη φωτιά και το αφήνετε να αχνιστεί στο τηγάνι σκεπασμένο για 10 λεπτά

n) Ανακατέψτε το σπανάκι στο jackfruit και τα φασόλια μέχρι να μαραθούν. Πάρτε μια γεύση από τη σάλτσα και προσθέστε περισσότερο αλάτι αν χρειάζεται.

o) Ρίχνετε με κουτάλι το ρύζι σε μερικά βαθιά μπολ και ρίχνετε από πάνω γενναιόδωρες κουτάλες από το jackfruit curry και σερβίρετε.

68. Ρύζι πιλάφι με φασόλια, φρούτα και ξηρούς καρπούς

ΣΥΣΤΑΤΙΚΑ

- 1 1/2 φλιτζάνι ρύζι με μακριά κόκκους
- 1 κουταλιά της σούπας ουδέτερο φυτικό λάδι
- 1 μέτριο κρεμμύδι, ψιλοκομμένο
- 1 με 2 μικρές φρέσκες καυτερές πιπεριές τσίλι, κομμένες σε φέτες, προαιρετικά
- 2/3 φλιτζανιού σταφίδες ή αποξηραμένα κράνμπερι, ή συνδυασμός
- 1/3 φλιτζάνι μαγειρεμένα φασόλια pinto
- 1/3 φλιτζάνι αποξηραμένα βερίκοκα ψιλοκομμένα
- 1/4 κουταλάκι του γλυκού κουρκουμά
- 1/2 κουταλάκι του γλυκού κανέλα
- 1/4 κουταλάκι του γλυκού αλεσμένο ή φρέσκο μοσχοκάρυδο
- 1/2 κουταλάκι του γλυκού αποξηραμένος βασιλικός
- 1/4 φλιτζάνι χυμό πορτοκαλιού, κατά προτίμηση φρέσκο
- 2 κουταλάκια του γλυκού νέκταρ αγαύης
- 1 έως 2 κουταλιές της σούπας χυμό λεμονιού ή λάιμ, για γεύση
- 1/2 φλιτζάνι φρυγανισμένα κάσιους (ολόκληρα ή ψιλοκομμένα) ή αμύγδαλα σε φέτες
- Αλάτι και φρεσκοτριμμένο πιπέρι για γεύση

Κατευθύνσεις

a) Συνδυάστε το ρύζι με 4 φλιτζάνια νερό σε μια κατσαρόλα. Αφήνουμε να πάρει μια ήπια βράση, στη συνέχεια χαμηλώνουμε τη φωτιά, σκεπάζουμε και σιγοβράζουμε απαλά για 30 λεπτά ή μέχρι να απορροφηθεί το νερό.

b) Μόλις γίνει το ρύζι, ζεσταίνουμε το λάδι σε ένα μεγάλο τηγάνι. Προσθέστε το κρεμμύδι και προαιρετικά τις πιπεριές τσίλι σοτάρετε σε μέτρια φωτιά μέχρι να ροδίσουν.

c) Προσθέστε το ρύζι και όλα τα υπόλοιπα υλικά εκτός από τους ξηρούς καρπούς, το αλάτι και το πιπέρι. μαγειρέψτε σε χαμηλή φωτιά, ανακατεύοντας συχνά, για περίπου 8 με 10 λεπτά, αφήνοντας τις γεύσεις να αναμειχθούν.

d) Προσθέτουμε τους ξηρούς καρπούς, αλατοπιπερώνουμε και σερβίρουμε.

69.Φασόλια και ρύζι cha cha cha μπολ

Μερίδες: 6

ΣΥΣΤΑΤΙΚΑ
2 κουταλιές της σούπας ελαιόλαδο
2 σκελίδες σκόρδο, ψιλοκομμένες
1 φλιτζάνι κρεμμύδι σε φέτες
1 φλιτζάνι σέλινο ξεφλουδισμένο, κομμένο σε φέτες
1 φλιτζάνι καρότα κομμένα σε φέτες
1 κουταλάκι του γλυκού τσίλι σε σκόνη
¼ φλιτζάνι Κονσερβοποιημένα πράσινα τσίλι σε κύβους
1 κιλό φασόλια pinto
¼ κρεμμύδι, χοντροκομμένο
1 Λίπος 263 Θερμίδες
2 φλιτζάνια Μανιτάρια κομμένα σε φέτες
2 φλιτζάνια μαγειρεμένα βασικά μαύρα φασόλια
½ φλιτζάνι Κρατήστε ζωμό φασολιών
2 κουταλιές της σούπας κόλιαντρο ψιλοκομμένο
Αλάτι και πιπέρι για να γευτείς
3 φλιτζάνια μαγειρεμένο ρύζι με μακριά κόκκους
1 κουταλιά της σούπας χυμό λεμονιού
2 κουταλάκια του γλυκού Αλάτι ή κατά βούληση

ΣΥΣΤΑΤΙΚΑ
Σε μια μεγάλη βαθιά κατσαρόλα ζεσταίνουμε το ελαιόλαδο και σοτάρουμε το σκόρδο, το κρεμμύδι, το σέλινο, τα καρότα και τη σκόνη τσίλι, μέχρι το κρεμμύδι να γίνει διάφανο.
Προσθέστε τσίλι και μανιτάρια και σοτάρετε για 5 λεπτά ακόμα.
Προσθέστε τα φασόλια, το ζωμό φασολιών και τον κόλιαντρο.
Αλατοπιπερώνουμε κατά βούληση.
Σκεπάζουμε και σιγοβράζουμε σε χαμηλή φωτιά για περίπου 10 λεπτά, ανακατεύοντας κατά διαστήματα.
Σερβίρουμε πάνω από ρύζι.

70. Turnip Stir Fry με φασόλια

Μερίδες: 2 άτομα

ΣΥΣΤΑΤΙΚΑ
- 1 κουταλιά της σούπας ελαιόλαδο
- 2 μωβ κορυφαία γογγύλια - καθαρισμένα, κομμένα και κομμένα σε κύβους
- 3 φλιτζάνια σπανάκι
- 1 κουτί φασόλια 1 15,5 oz - στραγγισμένα και ξεπλυμένα
- 1 κουταλιά της σούπας φρέσκο τζίντζερ - ψιλοκομμένο
- 2 σκελίδες σκόρδο - πιεσμένες ή ψιλοκομμένες
- 1 κουταλιά της σούπας μέλι
- 1 κουταλιά της σούπας ξύδι ρυζιού
- 2 κουταλιές της σούπας σάλτσα σόγιας με μειωμένο νάτριο
- 1 φλιτζάνι μακρόσκοκο ρύζι - μαγειρεμένο, για το σερβίρισμα

ΚΑΤΕΥΘΥΝΣΕΙΣ
a) Εάν πρέπει να ετοιμάσετε ρύζι ή ένα δημητριακό ολικής αλέσεως για το γεύμα, ξεκινήστε το πριν φτιάξετε το stir fry.
b) Ζεσταίνουμε το ελαιόλαδο σε ένα μεγάλο τηγάνι σε μέτρια φωτιά. Προσθέστε τα γογγύλια και μαγειρέψτε, ανακατεύοντας/αναποδογυρίζοντας περιστασιακά, για 8-12 λεπτά ή μέχρι να ροδίσουν ελαφρά και να μαλακώσουν.
c) Ενώ τα γογγύλια ψήνονται, χτυπήστε μαζί το τζίντζερ, το σκόρδο, το μέλι, το ξύδι ρυζιού και τη σάλτσα σόγιας σε ένα μικρό μπολ. Προσθέστε το σπανάκι, τα φασόλια και τη σάλτσα στο τηγάνι. Μαγειρέψτε για 4-6 λεπτά ή μέχρι να μαραθεί το σπανάκι και να ζεσταθεί το ανακάτεμα.
d) Σερβίρετε ζεστό πάνω από ρύζι.

71.Ρύζι με αρνί, άνηθο και φασόλια

Μερίδες: 8 μερίδες

ΣΥΣΤΑΤΙΚΑ
2 κουταλιές της σούπας Βούτυρο
1 μέτριο κρεμμύδι? ξεφλουδίζονται και κόβονται σε φέτες πάχους
1/4 ίντσας
3 λίβρες Αρνίσια ωμοπλάτη χωρίς κόκαλα, σε κύβους
3 φλιτζάνια Νερό
1 κουταλιά της σούπας Αλάτι
2 φλιτζάνια άψητο μακρόσκοκο λευκό ρύζι, μουλιασμένο και
στραγγισμένο
4 φλιτζάνια Άνηθος, φρέσκος? ψιλοκομμένο
2 δέκα ουγκιές. φασόλια Pinto
8 κουταλιές της σούπας βούτυρο? λειωμένο
¼ κουταλάκι του γλυκού κλωστές σαφράν. κονιορτοποιημένο και
διαλυμένο σε 1 κουταλιά της σούπας. ζεστό νερό

ΚΑΤΕΥΘΥΝΣΕΙΣ
Σε μια βαριά κατσαρόλα 3 έως 4 λίτρων, με καλά προσαρμοσμένο
καπάκι, λιώστε τις 2 κουταλιές της σούπας βούτυρο σε μέτρια
φωτιά.
Όταν ο αφρός αρχίσει να υποχωρεί, προσθέστε τα κρεμμύδια και,
ανακατεύοντας συχνά, μαγειρέψτε για περίπου 10 λεπτά ή μέχρι
να ροδίσουν πολύ οι φέτες. Με μια τρυπητή κουτάλα τα
μεταφέρουμε σε ένα πιάτο.
Μισή ντουζίνα κομμάτια περίπου κάθε φορά, ροδίζουμε τους
κύβους αρνιού στο λίπος που έχει απομείνει στην κατσαρόλα,
γυρνώντας τους με λαβίδες ή κουτάλι και ρυθμίζοντας τη φωτιά
ώστε να χρωματίσουν βαθιά και ομοιόμορφα χωρίς να καούν.
Καθώς ροδίζουν, μεταφέρουμε τους κύβους του αρνιού στο πιάτο
με τα κρεμμύδια.
Ρίξτε τα 3 φλιτζάνια νερό στην κατσαρόλα και αφήστε τα να
βράσουν σε δυνατή φωτιά, εν τω μεταξύ ξύνετε τα καφέ
σωματίδια που κολλάνε στον πάτο και τις πλευρές του τηγανιού.
Επιστρέψτε το αρνί και το κρεμμύδι στην κατσαρόλα, προσθέστε
το αλάτι και χαμηλώστε τη φωτιά.
Σκεπάζετε σφιχτά και σιγοβράζετε για περίπου 1 ώρα και 15
λεπτά ή μέχρι να μαλακώσει το αρνί και να μην παρουσιάζει
αντίσταση όταν το τρυπάτε με την αιχμή ενός μικρού, κοφτερό
μαχαιριού. Μεταφέρετε το αρνί, τα κρεμμύδια και όλο το υγρό

μαγειρέματος σε ένα μεγάλο μπολ και αφήστε την κατσαρόλα στην άκρη.

Προθερμαίνουμε το φούρνο στους 350 βαθμούς. Βάλτε 6 φλιτζάνια νερό να βράσουν σε μια κατσαρόλα 5 έως 6 λίτρων. Ρίξτε το ρύζι σε αργή, λεπτή ροή για να μην σταματήσει να βράζει το νερό. Ανακατεύουμε μία ή δύο φορές, βράζουμε ζωηρά για 5 λεπτά, στη συνέχεια αποσύρουμε την κατσαρόλα από τη φωτιά, ρίχνουμε μέσα τον άνηθο και τα φασόλια και τα στραγγίζουμε σε ψιλή σήτα.

Ρίξτε περίπου το μισό μείγμα ρυζιού στην κατσαρόλα και βρέξτε το με « φλιτζάνι από το υγρό μαγειρέματος αρνιού. Στη συνέχεια με μια σπάτουλα ή ένα κουτάλι απλώνουμε το μείγμα του ρυζιού στις άκρες του ταψιού.

Με μια τρυπητή κουτάλα επιστρέφουμε το αρνί και τα κρεμμύδια στην κατσαρόλα και τα λειαίνουμε πάνω από το ρύζι.

Στη συνέχεια απλώνουμε από πάνω το υπόλοιπο μείγμα ρυζιού. Συνδυάστε 2 κουταλιές της σούπας λιωμένο βούτυρο με 6 κουταλιές της σούπας ζωμό αρνιού και περιχύστε με το ρύζι. Βάζουμε την κατσαρόλα να πάρει μια βράση σε δυνατή φωτιά. Σκεπάζετε σφιχτά και ψήνετε στη μέση του φούρνου για 30 με 40 λεπτά ή μέχρι να μαλακώσουν τα φασόλια και το ρύζι να απορροφήσει όλα τα υγρά της κατσαρόλας.

Για να σερβίρετε, ρίχνετε ένα κουτάλι περίπου από το μείγμα του ρυζιού σε ένα μικρό μπολ, προσθέτετε το διαλυμένο σαφράν και ανακατεύετε μέχρι το ρύζι να γίνει ανοιχτό κίτρινο.

Απλώνουμε περίπου το μισό ρύζι που έχει απομείνει σε μια θερμαινόμενη πιατέλα και απλώνουμε από πάνω το αρνί. Καλύπτουμε το αρνί με το υπόλοιπο μείγμα απλού ρυζιού και το γαρνίρουμε με το ρύζι σαφράν. Ρίξτε τις υπόλοιπες 6 κουταλιές της σούπας λιωμένο βούτυρο από πάνω.

72. Cheesy Pinto Beans

Μερίδες: 4

ΣΥΣΤΑΤΙΚΑ
2 σκελίδες σκόρδο
1 jalapeño
1 κουταλιά της σούπας μαγειρικό λάδι
2 15 oz. κονσέρβες φασόλια
1/4 κουταλάκι του γλυκού καπνιστή πάπρικα
1/4 κουταλάκι του γλυκού αλεσμένο κύμινο
1/8 κουταλάκι του γλυκού φρεσκοτριμμένο μαύρο πιπέρι
2 παύλες καυτερή σάλτσα
1/2 φλιτζάνι τριμμένο τυρί τσένταρ
2 μερίδες ρύζι με μακριά κόκκους, μαγειρεμένο
ΚΑΤΕΥΘΥΝΣΕΙΣ
Ψιλοκόψτε το σκόρδο και ψιλοκόψτε το jalapeño.
Προσθέστε το σκόρδο, το jalapeño και το μαγειρικό λάδι σε μια κατσαρόλα. Σοτάρετε το σκόρδο και το jalapeño σε μέτρια φωτιά για περίπου ένα λεπτό ή μόνο μέχρι να μυρίσει πολύ το σκόρδο.
Προσθέστε ένα κουτί φασόλια pinto σε ένα μπλέντερ, με το υγρό στο κουτί, και πολτοποιήστε μέχρι να ομογενοποιηθεί.
Προσθέστε τα πολτοποιημένα φασόλια και το δεύτερο κουτάκι φασόλια (στραγγισμένα) στην κατσαρόλα με το σκόρδο και το jalapeño. Ανακατεύουμε να ενωθούν.
Αλατοπιπερώνετε τα φασόλια με την καπνιστή πάπρικα, το κύμινο, το πιπέρι και την καυτερή σάλτσα. Ανακατεύουμε να ενωθούν και μετά ζεσταίνουμε σε μέτρια ποσότητα, ανακατεύοντας περιστασιακά.
Τέλος, προσθέτουμε το τριμμένο τσένταρ και ανακατεύουμε μέχρι να λιώσει ομαλά στα φασόλια. Δοκιμάστε τα φασόλια και προσαρμόστε το καρύκευμα σύμφωνα με τις προτιμήσεις σας. Σερβίρετε πάνω από ρύζι ή με το αγαπημένο σας γεύμα.

73.Ρύζι και φασόλια με πέστο βασιλικού

Μερίδες:4 μερίδες

ΣΥΣΤΑΤΙΚΑ
- Σπρέι μαγειρικής λαχανικών
- 1 φλιτζάνι κρεμμύδι ψιλοκομμένο
- 1 φλιτζάνι άψητο μακρόσκοκο ρύζι
- 13¾ ουγκιά Ζωμός κοτόπουλου χωρίς προσθήκη αλατιού, (1 κουτάκι)
- 1 φλιτζάνι ψιλοκομμένη ντομάτα χωρίς φλούδα
- ¼ φλιτζάνι σάλτσα βασιλικού πέστο του εμπορίου
- 16 ουγγιές φασόλια pinto

ΚΑΤΕΥΘΥΝΣΕΙΣ
a) Καλύψτε ένα μεγάλο τηγάνι με σπρέι μαγειρέματος και τοποθετήστε το σε μέτρια προς δυνατή φωτιά μέχρι να ζεσταθεί.
b) Προσθέστε κρεμμύδι? σοτάρουμε 2 λεπτά. Προσθέστε ρύζι και ζωμό. αφήνουμε να πάρει μια βράση.
c) Χαμηλώστε τη φωτιά και σιγοβράστε, ακάλυπτα, για 15 λεπτά ή μέχρι να γίνει το ρύζι και να απορροφηθούν τα υγρά.
d) Ανακατεύουμε με ντομάτα, σάλτσα πέστο και φασόλια. μαγειρέψτε για 2 λεπτά ή μέχρι να ζεσταθεί καλά.

74.Μπριζόλα με μαύρα φασόλια και ρύζι

Μερίδες:6 μερίδες

ΣΥΣΤΑΤΙΚΑ
- 1½ λίβρα μπριζόλα πλευρά
- 3 κουταλιές της σούπας Φυτικό λάδι
- 2 φύλλα δάφνης
- 5 φλιτζάνια ζωμός βοείου κρέατος
- 4 κουταλιές της σούπας ελαιόλαδο
- 2 κρεμμύδια? ψιλοκομμένο
- 6 σκελίδες σκόρδο? κιμάς
- 1 κουταλιά της σούπας ρίγανη αποξηραμένη
- 1 κουταλιά της σούπας τριμμένο κύμινο
- 2 ντομάτες? σπόροι, ψιλοκομμένοι
- Αλας; να δοκιμάσω
- Φρεσκοτριμμένο μαύρο πιπέρι; να δοκιμάσω
- φασόλια Pinto
- Μαγειρεμένο λευκό ρύζι
- 2 κουταλιές της σούπας Φυτικό λάδι
- 6 Αυγά

ΚΑΤΕΥΘΥΝΣΕΙΣ
a) Αλατοπιπερώνουμε τη μπριζόλα. Ζεσταίνουμε το φυτικό λάδι σε βαρύ μεγάλο τηγάνι σε δυνατή φωτιά. Προσθέστε τη μπριζόλα και μαγειρέψτε μέχρι να ροδίσει από όλες τις πλευρές. Προσθέστε τα φύλλα δάφνης και το ζωμό.
b) Χαμηλώνουμε τη φωτιά και σιγοβράζουμε σιγά-σιγά μέχρι η μπριζόλα να είναι πολύ τρυφερή, γυρίζοντας περιστασιακά, περίπου 2 ώρες.
c) Αποσύρουμε από τη φωτιά και αφήνουμε το κρέας να κρυώσει στο απόθεμα. Βγάζουμε το κρέας από το ζωμό και το κόβουμε σε τεμάχια. Κρατήστε 1 φλιτζάνι υγρό μαγειρέματος. κρατήστε το υπόλοιπο μαγειρικό υγρό για άλλη χρήση. Ζεσταίνουμε το ελαιόλαδο σε βαρύ μεγάλο

τηγάνι σε μέτρια προς δυνατή φωτιά. Προσθέτουμε το κρεμμύδι και σοτάρουμε μέχρι να ροδίσει.

d) Προσθέτουμε το σκόρδο, τη ρίγανη και το κύμινο και σοτάρουμε μέχρι να μυρίσουν. Προσθέστε τις ντομάτες και συνεχίστε το μαγείρεμα μέχρι να εξατμιστούν τα περισσότερα υγρά.

e) Προσθέστε το ψιλοκομμένο κρέας και 1 φλιτζάνι κρατημένο υγρό μαγειρέματος. Αλατοπιπερώνετε με αλάτι και πιπέρι. Τοποθετήστε το μοσχάρι, το ρύζι και τα φασόλια σε μια ορθογώνια πιατέλα σε τρεις σειρές με το ρύζι στο κέντρο (θα πρέπει να μοιάζει με τη σημαία της Βενεζουέλας).

f) Ζεσταίνουμε το φυτικό λάδι σε βαρύ μεγάλο τηγάνι σε μέτρια φωτιά. Σπάστε τα αυγά στο τηγάνι. Τηγανίζουμε μέχρι να δέσει απαλά. Σερβίρουμε πάνω από φασόλια, κρέας και ρύζι.

75.Αφρικανικό ρύζι και φασόλια

Μερίδες: 6

ΣΥΣΤΑΤΙΚΑ
½ φλιτζάνι κόκκινο / φοινικέλαιο / ή λάδι κανόλας που χρησιμοποίησα ½ και ½
2-3 σκελίδες σκόρδο ψιλοκομμένες
1 μέτριο κρεμμύδι κομμένο σε κύβους
1 κουταλιά της σούπας καπνιστή πάπρικα
1 κουταλάκι του γλυκού αποξηραμένο θυμάρι
½ πιπέρι σκωτσέζικο καπό ή ½ κουταλάκι του γλυκού πιπέρι καγιέν
4 ντομάτες κομμένες σε κύβους
2 φλιτζάνια πλυμένο μακρόσκοκο ρύζι
2 φλιτζάνια μαγειρεμένα φασόλια μαύρα, κόκκινα, μαυρομάτικα
4 1/2 - 5 φλιτζάνια ζωμό κότας ή νερό
1 κουταλιά της σούπας αλάτι ή περισσότερο για γεύση
1/4 φλιτζανιού καραβίδες προαιρετικά
1 κουταλάκι του γλυκού μπουγιόν κοτόπουλου προαιρετικά
ΚΑΤΕΥΘΥΝΣΕΙΣ
Ζεσταίνουμε μια κατσαρόλα με λάδι. Στη συνέχεια προσθέτουμε τα κρεμμύδια, το σκόρδο, το θυμάρι, την καπνιστή πάπρικα και την καυτερή πιπεριά, τα σοτάρουμε για ένα λεπτό περίπου, προσθέτουμε τις ντομάτες. Μαγειρέψτε για περίπου 5-7 λεπτά. Ανακατέψτε το ρύζι στο τηγάνι. συνεχίζουμε το ανακάτεμα για περίπου 2 λεπτά.
Στη συνέχεια, προσθέστε τα φασόλια, 4 1/2 φλιτζάνια ζωμό κοτόπουλου/νερό, αφήστε να πάρει βράση, χαμηλώστε τη φωτιά και σιγοβράστε μέχρι να ψηθεί το ρύζι, περίπου 18 λεπτά ή περισσότερο. Προσαρμόστε για αλάτι και πιπέρι. Πρέπει να ανακατεύετε περιστασιακά για να αποτρέψετε τυχόν εγκαύματα.
Σερβίρετε ζεστό με κοτόπουλο, στιφάδο ή λαχανικά

76.Σούπα με φασόλια και ρύζι

Μερίδες: 4

ΣΥΣΤΑΤΙΚΑ
- 2 φλιτζάνια κοτόπουλο, ψημένο και κομμένο σε κύβους
- 1 φλιτζάνι μακρόσκοκο ρύζι, μαγειρεμένο
- 2 κονσέρβες 15 ουγγιών φασόλια, στραγγισμένα
- 4 φλιτζάνια ζωμός κοτόπουλου
- 2 κουταλιές της σούπας μίγμα καρυκευμάτων Taco
- 1 φλιτζάνι σάλτσα ντομάτας
Καλύμματα:
- Τυρί τριμμένο
- Salsa
- Ψιλοκομμένο κόλιανδρο
- Ψιλοκομμένο κρεμμύδι

Κατευθύνσεις
Βάζουμε όλα τα υλικά σε μια μέτρια κατσαρόλα. Ανακατεύουμε απαλά.
Μαγειρέψτε σε μέτρια φωτιά, σιγοβράζοντας για περίπου 20 λεπτά, ανακατεύοντας κατά διαστήματα.
Σερβίρουμε με γαρνιτούρες.

77. Chili con Carne

ΣΥΣΤΑΤΙΚΑ

- Κιμάς/μοσχάρι 500 γρ
- 1 μεγάλο κρεμμύδι ψιλοκομμένο
- 3 Σκελίδες Σκόρδο
- 2Κονσέρβες ντομάτες ψιλοκομμένες 400 γρ
- Στύψτε τον πελτέ ντομάτας
- 1 κουταλάκι του γλυκού τσίλι σε σκόνη (ή για γεύση)
- 1 κουταλάκι του γλυκού αλεσμένο κύμινο
- απότομη σάλτσα Worcester
- Πασπαλίζουμε με αλάτι και πιπέρι
- 1 κόκκινη πιπεριά ψιλοκομμένη
- 1 κονσέρβα φασόλια στραγγισμένα 400 γρ

Κατευθύνσεις
Τσιγαρίζουμε το κρεμμύδι σε ζεστό τηγάνι με λάδι μέχρι να ροδίσει και προσθέτουμε το ψιλοκομμένο σκόρδο
Προσθέστε τον κιμά και ανακατέψτε μέχρι να ροδίσει. στραγγίστε το περιττό λίπος αν θέλετε
Προσθέστε όλα τα αποξηραμένα μπαχαρικά και τα καρυκεύματα, στη συνέχεια χαμηλώστε τη φωτιά και προσθέστε ψιλοκομμένες ντομάτες
Ανακατεύουμε καλά και προσθέτουμε τον πουρέ ντομάτας και τη σάλτσα Worcestershire και μετά αφήνουμε να σιγοβράσει για περίπου μία ώρα (λιγότερο αν βιάζεστε)
Προσθέστε την ψιλοκομμένη κόκκινη πιπεριά και συνεχίστε να σιγοβράζετε για 5 λεπτά, στη συνέχεια προσθέστε τη φόρμα με τα στραγγισμένα φασόλια και μαγειρέψτε για άλλα 5 λεπτά εάν το τσίλι στεγνώσει σε οποιοδήποτε σημείο, προσθέστε λίγο νερό.
Σερβίρετε με ρύζι, πατάτες σακάκι ή ζυμαρικά!

78.Κλασικό τσίλι με τρία φασόλια

Συστατικά:
1 κονσέρβα μαύρα φασόλια, στραγγισμένα και ξεπλυμένα
1 κονσέρβα φασόλια, στραγγισμένα και ξεπλυμένα
1 κονσέρβα φασόλια, στραγγισμένα και ξεπλυμένα
1 κρεμμύδι, ψιλοκομμένο
2 σκελίδες σκόρδο, ψιλοκομμένες
1 κόκκινη πιπεριά, ψιλοκομμένη
1 κουταλιά της σούπας τσίλι σε σκόνη
1 κουταλάκι του γλυκού κύμινο
1/2 κουταλάκι του γλυκού πάπρικα
1/4 κουταλάκι του γλυκού πιπέρι καγιέν
2 κονσέρβες ντομάτες κομμένες σε κύβους,
ξεστραγγισμένες
2 φλιτζάνια ζωμό λαχανικών
Αλάτι και πιπέρι για να γευτείς
Οδηγίες:

Σε μια μεγάλη κατσαρόλα σοτάρετε το κρεμμύδι, το
σκόρδο και την κόκκινη πιπεριά σε μέτρια φωτιά μέχρι να
μαλακώσουν.

Προσθέστε τη σκόνη τσίλι, το κύμινο, την πάπρικα και το
πιπέρι καγιέν και μαγειρέψτε για 1-2 λεπτά,
ανακατεύοντας συνεχώς.

Προσθέστε τις ντομάτες σε κύβους (με χυμούς), τα
φασόλια και το ζωμό λαχανικών.

Φέρτε το τσίλι σε βράση, στη συνέχεια μειώστε τη φωτιά
και σιγοβράστε για 30 λεπτά.

Αλατοπιπερώνουμε κατά βούληση και σερβίρουμε ζεστό.

79.Κινόα τσίλι

Συστατικά:

1 κουταλιά της σούπας ελαιόλαδο
1 κρεμμύδι, ψιλοκομμένο
2 σκελίδες σκόρδο, ψιλοκομμένες
1 κόκκινη πιπεριά, ψιλοκομμένη
1 πράσινη πιπεριά, ψιλοκομμένη
1 πιπεριά jalapeño, ξεσποριασμένη και ψιλοκομμένη
1 φλιτζάνι κινόα, ξεπλυμένη και στραγγισμένη
1 κονσέρβα μαύρα φασόλια, στραγγισμένα και ξεπλυμένα
1 κονσέρβα φασόλια, στραγγισμένα και ξεπλυμένα
2 κονσέρβες ντομάτες κομμένες σε κύβους,
ξεστραγγισμένες
2 φλιτζάνια ζωμό λαχανικών
1 κουταλιά της σούπας τσίλι σε σκόνη
1 κουταλάκι του γλυκού κύμινο
1/2 κουταλάκι του γλυκού καπνιστή πάπρικα
Αλάτι και πιπέρι για να γευτείς
Οδηγίες:

Σε μια μεγάλη κατσαρόλα ζεσταίνουμε το ελαιόλαδο σε
μέτρια φωτιά.

Προσθέστε το κρεμμύδι, το σκόρδο, την κόκκινη πιπεριά,
την πράσινη πιπεριά και την πιπεριά jalapeño και σοτάρετε
μέχρι να μαλακώσουν.
Προσθέστε την κινόα, τα φασόλια, τις ντομάτες σε κύβους,
το ζωμό λαχανικών, τη σκόνη τσίλι, το κύμινο και την
καπνιστή πάπρικα.
Αφήνουμε το τσίλι να πάρει βράση, στη συνέχεια
χαμηλώνουμε τη φωτιά και σιγοβράζουμε για 25-30 λεπτά
ή μέχρι να ψηθεί η κινόα.
Αλατοπιπερώνουμε κατά βούληση και σερβίρουμε ζεστό.

80.Πικάντικο μαύρο φασόλι τσίλι

Συστατικά:

1 κουταλιά της σούπας ελαιόλαδο
1 κρεμμύδι, ψιλοκομμένο
2 σκελίδες σκόρδο, ψιλοκομμένες
1 πράσινη πιπεριά, ψιλοκομμένη
1 πιπεριά jalapeño, ξεσποριασμένη και ψιλοκομμένη
1 κουταλιά της σούπας τσίλι σε σκόνη
1 κουταλάκι του γλυκού κύμινο
1/2 κουταλάκι του γλυκού καπνιστή πάπρικα
2 κονσέρβες μαύρα φασόλια, στραγγισμένα και ξεπλυμένα
1 κονσέρβα ντομάτα κομμένη σε κύβους, ξεστραγγισμένη
2 φλιτζάνια ζωμό λαχανικών
Αλάτι και πιπέρι για να γευτείς
Οδηγίες:

Σε μια μεγάλη κατσαρόλα ζεσταίνουμε το ελαιόλαδο σε μέτρια φωτιά.
Προσθέστε το κρεμμύδι, το σκόρδο, την πράσινη πιπεριά και την πιπεριά jalapeño και σοτάρετε μέχρι να μαλακώσουν.
Προσθέστε τη σκόνη τσίλι, το κύμινο και την καπνιστή πάπρικα και μαγειρέψτε για 1-2 λεπτά, ανακατεύοντας συνεχώς.

Προσθέστε τα μαύρα φασόλια, τις ντομάτες σε κύβους και το ζωμό λαχανικών.

Αφήνουμε το τσίλι να πάρει βράση, στη συνέχεια χαμηλώνουμε τη φωτιά και σιγοβράζουμε για 20-25 λεπτά.

Αλατοπιπερώνουμε κατά βούληση και σερβίρουμε ζεστό.

81. Τσίλι Smoky Chipotle Sweet Potato Chili

Συστατικά:

1 κουταλιά της σούπας ελαιόλαδο
1 κρεμμύδι, ψιλοκομμένο
2 σκελίδες σκόρδο, ψιλοκομμένες
1 κόκκινη πιπεριά, ψιλοκομμένη
1 πιπεριά jalapeño, ξεσποριασμένη και ψιλοκομμένη
2 μέτριες γλυκοπατάτες, καθαρισμένες και ψιλοκομμένες
1 κονσέρβα μαύρα φασόλια, στραγγισμένα και ξεπλυμένα
1 κονσέρβα ντομάτα κομμένη σε κύβους, ξεστραγγισμένη
2 φλιτζάνια ζωμό λαχανικών
2 πιπεριές chipotle σε σάλτσα adobo, ψιλοκομμένες
1 κουταλάκι του γλυκού καπνιστή πάπρικα
Αλάτι και πιπέρι για να γευτείς
Οδηγίες:

Σε μια μεγάλη κατσαρόλα ζεσταίνουμε το ελαιόλαδο σε μέτρια φωτιά.

Προσθέστε το κρεμμύδι, το σκόρδο, την κόκκινη πιπεριά και την πιπεριά jalapeño και σοτάρετε μέχρι να μαλακώσουν.
Προσθέστε τις γλυκοπατάτες και σοτάρετε για 5-7 λεπτά ή μέχρι να αρχίσουν να μαλακώνουν.
Προσθέστε τα μαύρα φασόλια, τις ντομάτες σε κύβους, το ζωμό λαχανικών, τις πιπεριές Chipotle και την καπνιστή πάπρικα.
Φέρτε το τσίλι σε βρασμό, στη συνέχεια μειώστε τη φωτιά και σιγοβράστε για 25-30 λεπτά ή μέχρι να μαλακώσουν οι γλυκοπατάτες.

Αλατοπιπερώνουμε κατά βούληση και σερβίρουμε ζεστό.

82.Φακές τσίλι

Συστατικά:

1 κουταλιά της σούπας ελαιόλαδο
1 κρεμμύδι, ψιλοκομμένο
2 σκελίδες σκόρδο, ψιλοκομμένες
1 κόκκινη πιπεριά, ψιλοκομμένη
1 πράσινη πιπεριά, ψιλοκομμένη
1 πιπεριά jalapeño, ξεσποριασμένη και ψιλοκομμένη
1 φλιτζάνι αποξηραμένες καφέ φακές, ξεπλυμένες και στραγγισμένες
1 κονσέρβα ντομάτα κομμένη σε κύβους, ξεστραγγισμένη
2 φλιτζάνια ζωμό λαχανικών
1 κουταλιά της σούπας τσίλι σε σκόνη
1 κουταλάκι του γλυκού κύμινο
1/2 κουταλάκι του γλυκού καπνιστή πάπρικα
Αλάτι και πιπέρι για να γευτείς
Οδηγίες:

Σε μια μεγάλη κατσαρόλα ζεσταίνουμε το ελαιόλαδο σε μέτρια φωτιά.
Προσθέστε το κρεμμύδι, το σκόρδο, την κόκκινη πιπεριά, την πράσινη πιπεριά και την πιπεριά jalapeño και σοτάρετε μέχρι να μαλακώσουν.

Προσθέστε τις φακές, τις ντομάτες σε κύβους, το ζωμό λαχανικών, τη σκόνη τσίλι, το κύμινο και την καπνιστή πάπρικα.

Φέρτε το τσίλι σε βράση, στη συνέχεια μειώστε τη φωτιά και σιγοβράστε για 25-30 λεπτά ή μέχρι να μαλακώσουν οι φακές.

Αλατοπιπερώνουμε κατά βούληση και σερβίρουμε ζεστό.

83.Σούπα ρυζιού

Μερίδες: 4

ΣΥΣΤΑΤΙΚΑ
4 μεγάλα κοτσάνια σέλινου
3 μεγάλα καρότα
1 μέτριο λευκό κρεμμύδι
1 κουταλάκι του γλυκού αποξηραμένο θυμάρι
1 κουταλάκι του γλυκού αποξηραμένος μαϊντανός
1 κουταλάκι του γλυκού σκόνη σκόρδου
1 κουταλάκι του γλυκού αλάτι
1/2 κουταλάκι του γλυκού αλεσμένο φασκόμηλο
1 κουταλιά της σούπας αμινοξέα καρύδας
4 φλιτζάνια ζωμό λαχανικών
2 φλιτζάνια νερό
2/3 φλιτζάνι μακρόσκοκο λευκό ρύζι
1 κονσέρβα φασόλια (κονσέρβα 15 oz)

ΚΑΤΕΥΘΥΝΣΕΙΣ
Κόβουμε ή ψιλοκόβουμε τα λαχανικά σε μπουκιές.
Προσθέστε μεγάλη κατσαρόλα στη φωτιά και ανάψτε σε μέτρια φωτιά. Ψεκάστε τον πάτο της κατσαρόλας με λάδι αβοκάντο ή σπρέι ελαιόλαδου. Προσθέστε λαχανικά.
Μαγειρέψτε τα λαχανικά για 3-4 λεπτά.
Μετά από 3-4 λεπτά, προσθέστε τα μπαχαρικά, τη δάφνη και τα αμινοξέα καρύδας. Ανακατεύουμε και μαγειρεύουμε 1-2 λεπτά ακόμα.
Όσο ψήνονται τα λαχανικά, ξεπλένουμε καλά το ρύζι.
Προσθέστε 1/2 φλιτζάνι ζωμό λαχανικών και ξύστε τον πάτο/πλευρά της κατσαρόλας αφαιρώντας τυχόν καφέ κομμάτια από τον πάτο.
Προσθέτουμε στην κατσαρόλα τον υπόλοιπο ζωμό, το νερό και το ρύζι. Ανακατεύουμε και σκεπάζουμε. Ανεβάστε τη φωτιά στο υψηλό.
Μόλις πάρει βράση η σούπα, χαμηλώστε τη φωτιά και μαγειρέψτε για 15 λεπτά.
Όσο ψήνεται η σούπα, ξεπλένουμε και στραγγίζουμε τα φασόλια. Και τα προσθέτουμε στη σούπα.
Ακριβώς πριν το σερβίρισμα, αφαιρούμε τα φύλλα δάφνης.
Σερβίρετε ζεστό.

84. Κλασικό τσίλι

Συστατικά:
1 κονσέρβα φασόλια, στραγγισμένα και ξεπλυμένα
1 κονσέρβα μαύρα φασόλια, στραγγισμένα και ξεπλυμένα
1 κονσέρβα φασόλια, στραγγισμένα και ξεπλυμένα
1 κρεμμύδι, ψιλοκομμένο
2 σκελίδες σκόρδο, ψιλοκομμένες
1 κόκκινη πιπεριά, ψιλοκομμένη
1 πράσινη πιπεριά, ψιλοκομμένη
1 κονσέρβα ντομάτες σε κύβους
1 κουτάκι σάλτσα ντομάτας
1 κουταλιά της σούπας τσίλι σε σκόνη
1 κουταλάκι αλεσμένο κύμινο
Αλάτι και πιπέρι για να γευτείς
Οδηγίες:

Ζεσταίνουμε το λάδι σε μια μεγάλη κατσαρόλα σε μέτρια προς δυνατή φωτιά.

Προσθέστε τα κρεμμύδια, το σκόρδο και τις πιπεριές και μαγειρέψτε μέχρι τα κρεμμύδια να γίνουν διάφανα.

Προσθέστε τις κονσέρβες ντομάτες, τη σάλτσα ντομάτας και τα μπαχαρικά στην κατσαρόλα και ανακατέψτε καλά.

Προσθέστε τα φασόλια και σιγοβράστε για 15-20 λεπτά.

Καρικέψτε με αλάτι και πιπέρι βάσει της γεύσης σας.

85.Τσίλι γαλοπούλας και λευκό φασόλι

Συστατικά:

1 κουταλιά της σούπας ελαιόλαδο
1 κιλό αλεσμένη γαλοπούλα
1 κρεμμύδι, ψιλοκομμένο
2 σκελίδες σκόρδο, ψιλοκομμένες
2 κονσέρβες λευκά φασόλια, στραγγισμένα και ξεπλυμένα
1 κονσέρβα ντομάτες σε κύβους
2 φλιτζάνια ζωμό κότας
2 κουταλάκια του γλυκού τσίλι σε σκόνη
1 κουταλάκι του γλυκού κύμινο
Αλάτι και πιπέρι για να γευτείς
Οδηγίες:

Ζεσταίνουμε το ελαιόλαδο σε μια μεγάλη κατσαρόλα σε μέτρια προς δυνατή φωτιά.

Προσθέστε την αλεσμένη γαλοπούλα, τα κρεμμύδια και το σκόρδο και μαγειρέψτε μέχρι να ροδίσει η γαλοπούλα.

Προσθέστε στην κατσαρόλα τις κονσέρβες ντομάτες, το ζωμό κοτόπουλου και τα μπαχαρικά και ανακατέψτε καλά.

Προσθέστε τα λευκά φασόλια και σιγοβράστε για 20-25 λεπτά.

Καρικέψτε με αλάτι και πιπέρι βάσει της γεύσης σας.

Συστατικά:

2 κουταλιές της σούπας ελαιόλαδο
1 κρεμμύδι, ψιλοκομμένο
3 σκελίδες σκόρδο, ψιλοκομμένες
1 κολοκύθα βούτυρο, ξεφλουδισμένη και ψιλοκομμένη
1 κονσέρβα μαύρα φασόλια, στραγγισμένα και ξεπλυμένα
1 κονσέρβα ντομάτες σε κύβους
2 φλιτζάνια ζωμό λαχανικών
2 κουταλάκια του γλυκού τσίλι σε σκόνη
1 κουταλάκι του γλυκού κύμινο
Αλάτι και πιπέρι για να γευτείς
Οδηγίες:

Ζεσταίνουμε το ελαιόλαδο σε μια μεγάλη κατσαρόλα σε μέτρια προς δυνατή φωτιά.

Προσθέστε τα κρεμμύδια, το σκόρδο και το βούτυρο και μαγειρέψτε για 5-7 λεπτά.

Προσθέστε στην κατσαρόλα τις κονσέρβες ντομάτες, το ζωμό λαχανικών και τα μπαχαρικά και ανακατέψτε καλά.

Προσθέστε τα μαύρα φασόλια και σιγοβράστε για 20-25 λεπτά ή μέχρι να μαλακώσει η κολοκύθα.

Καρικέψτε με αλάτι και πιπέρι βάσει της γεύσης σας.

87. Κοτόπουλο αργής μαγειρέματος και τσίλι μαύρου φασολιού

Συστατικά:

1 κιλό στήθη κοτόπουλου χωρίς κόκαλα, χωρίς πέτσα, ψιλοκομμένα
1 κρεμμύδι
2 σκελίδες σκόρδο, ψιλοκομμένες
1 κονσέρβα μαύρα φασόλια, στραγγισμένα και ξεπλυμένα
1 κονσέρβα ντομάτες σε κύβους
2 φλιτζάνια ζωμό κότας
2 κουταλάκια του γλυκού τσίλι σε σκόνη
1 κουταλάκι του γλυκού κύμινο
Αλάτι και πιπέρι για να γευτείς
Οδηγίες:

Προσθέστε όλα τα υλικά σε μια αργή κουζίνα και ανακατέψτε να ενωθούν.

Μαγειρέψτε σε χαμηλή θερμοκρασία για 6-8 ώρες ή σε υψηλή θερμοκρασία για 3-4 ώρες.

Καρικέψτε με αλάτι και πιπέρι βάσει της γεύσης σας.

88.Τσίλι κινόα και μαύρο φασόλι

Συστατικά:

1 κουταλιά της σούπας ελαιόλαδο
1 κρεμμύδι, ψιλοκομμένο
2 σκελίδες σκόρδο, ψιλοκομμένες
1 κόκκινη πιπεριά, ψιλοκομμένη
1 κονσέρβα μαύρα φασόλια, στραγγισμένα και ξεπλυμένα
1 κονσέρβα ντομάτες σε κύβους
2 φλιτζάνια ζωμό λαχανικών
1/2 φλιτζάνι κινόα
2 κουταλάκια του γλυκού τσίλι σε σκόνη
1 κουταλάκι του γλυκού κύμινο
Αλάτι και πιπέρι για να γευτείς
Οδηγίες:

Ζεσταίνουμε το ελαιόλαδο σε μια μεγάλη κατσαρόλα σε μέτρια προς δυνατή φωτιά.

Προσθέστε τα κρεμμύδια, το σκόρδο και τις πιπεριές και μαγειρέψτε μέχρι τα κρεμμύδια να γίνουν διάφανα.

Προσθέστε στην κατσαρόλα τις κονσέρβες ντομάτες, το ζωμό λαχανικών, την κινόα και τα μπαχαρικά και ανακατέψτε καλά.

Προσθέστε τα μαύρα φασόλια και σιγοβράστε για 20-25 λεπτά ή μέχρι να μαλακώσει η κινόα.

Καρικέψτε με αλάτι και πιπέρι βάσει της γεύσης σας.

89.Μοσχάρι και φασόλια τσίλι

Συστατικά:

1 κιλό μοσχαρίσιο κιμά
1 κρεμμύδι, ψιλοκομμένο
2 σκελίδες σκόρδο, ψιλοκομμένες
1 κονσέρβα φασόλια, στραγγισμένα και ξεπλυμένα
1 κονσέρβα ντομάτες σε κύβους
2 φλιτζάνια ζωμό βοδινού
2 κουταλάκια του γλυκού τσίλι σε σκόνη
1 κουταλάκι του γλυκού κύμινο
Αλάτι και πιπέρι για να γευτείς
Οδηγίες:

Μαγειρέψτε τον κιμά σε μια μεγάλη κατσαρόλα σε μέτρια προς δυνατή φωτιά μέχρι να ροδίσει.

Προσθέστε τα κρεμμύδια και το σκόρδο και μαγειρέψτε μέχρι τα κρεμμύδια να γίνουν διάφανα.

Προσθέστε στην κατσαρόλα τις κονσέρβες ντομάτες, το ζωμό βοδινού και τα μπαχαρικά και ανακατέψτε καλά.

Προσθέστε τα φασόλια και σιγοβράστε για 20-25 λεπτά.

Καρικέψτε με αλάτι και πιπέρι βάσει της γεύσης σας.

90.Φακές και μαύρο φασόλι τσίλι

Συστατικά:

2 κουταλιές της σούπας ελαιόλαδο
1 κρεμμύδι, ψιλοκομμένο
2 σκελίδες σκόρδο, ψιλοκομμένες
1 κόκκινη πιπεριά, ψιλοκομμένη
1 κονσέρβα μαύρα φασόλια, στραγγισμένα και ξεπλυμένα
1 κονσέρβα ντομάτες σε κύβους
2 φλιτζάνια ζωμό λαχανικών
1 φλιτζάνι αποξηραμένες φακές, ξεπλυμένες και στραγγισμένες
2 κουταλάκια του γλυκού τσίλι σε σκόνη
1 κουταλάκι του γλυκού κύμινο
Αλάτι και πιπέρι για να γευτείς
Οδηγίες:

Ζεσταίνουμε το ελαιόλαδο σε μια μεγάλη κατσαρόλα σε μέτρια προς δυνατή φωτιά.

Προσθέστε τα κρεμμύδια, το σκόρδο και τις πιπεριές και μαγειρέψτε μέχρι τα κρεμμύδια να γίνουν διάφανα.

Προσθέστε στην κατσαρόλα τις κονσέρβες ντομάτες, το ζωμό λαχανικών, τις φακές και τα μπαχαρικά και ανακατέψτε καλά.

Προσθέστε τα μαύρα φασόλια και σιγοβράστε για 25-30 λεπτά ή μέχρι να μαλακώσουν οι φακές.

Καρικέψτε με αλάτι και πιπέρι βάσει της γεύσης σας.

91.Χοιρινό και λευκό φασόλι τσίλι

Συστατικά:
1 κιλό χοιρινή σπάλα, κομμένη και κομμένη
1 κρεμμύδι, ψιλοκομμένο
2 σκελίδες σκόρδο, ψιλοκομμένες
2 κονσέρβες λευκά φασόλια, στραγγισμένα και ξεπλυμένα
1 κονσέρβα ντομάτες σε κύβους
2 φλιτζάνια ζωμό κότας
2 κουταλάκια του γλυκού τσίλι σε σκόνη
1 κουταλάκι του γλυκού κύμινο
Αλάτι και πιπέρι για να γευτείς
Οδηγίες:

Μαγειρέψτε τη χοιρινή σπάλα σε μια μεγάλη κατσαρόλα σε μέτρια προς δυνατή φωτιά μέχρι να ροδίσει.
Προσθέστε τα κρεμμύδια και το σκόρδο και μαγειρέψτε μέχρι τα κρεμμύδια να γίνουν διάφανα.
Προσθέστε στην κατσαρόλα τις κονσέρβες ντομάτες, το ζωμό κοτόπουλου και τα μπαχαρικά και ανακατέψτε καλά.
Προσθέστε τα λευκά φασόλια και σιγοβράστε για 20-25 λεπτά.
Καρικέψτε με αλάτι και πιπέρι βάσει της γεύσης σας.

92.Τσίλι γαλοπούλας και φασολιών

Συστατικά:

1 κιλό αλεσμένη γαλοπούλα
1 κρεμμύδι, ψιλοκομμένο
2 σκελίδες σκόρδο, ψιλοκομμένες
1 κονσέρβα φασόλια, στραγγισμένα και ξεπλυμένα
1 κονσέρβα μαύρα φασόλια, στραγγισμένα και ξεπλυμένα
1 κονσέρβα ντομάτες σε κύβους
2 φλιτζάνια ζωμό κότας
2 κουταλάκια του γλυκού τσίλι σε σκόνη
1 κουταλάκι του γλυκού κύμινο
Αλάτι και πιπέρι για να γευτείς
Οδηγίες:

Μαγειρέψτε τη γαλοπούλα σε μια μεγάλη κατσαρόλα σε μέτρια προς δυνατή φωτιά μέχρι να ροδίσει.

Προσθέστε τα κρεμμύδια και το σκόρδο και μαγειρέψτε μέχρι τα κρεμμύδια να γίνουν διάφανα.

Προσθέστε στην κατσαρόλα τις κονσέρβες ντομάτες, το ζωμό κοτόπουλου και τα μπαχαρικά και ανακατέψτε καλά.

Προσθέστε τα φασόλια και τα μαύρα φασόλια και σιγοβράστε για 20-25 λεπτά.

Καρικέψτε με αλάτι και πιπέρι βάσει της γεύσης σας.

93.Τσίλι με γλυκοπατάτα και μαύρο φασόλι

Συστατικά:

2 κουταλιές της σούπας ελαιόλαδο
1 κρεμμύδι, ψιλοκομμένο
2 σκελίδες σκόρδο, ψιλοκομμένες
1 κόκκινη πιπεριά, ψιλοκομμένη
1 μεγάλη γλυκοπατάτα, ξεφλουδισμένη και κομμένη σε κύβους
1 κονσέρβα μαύρα φασόλια, στραγγισμένα και ξεπλυμένα
1 κονσέρβα ντομάτες σε κύβους
2 φλιτζάνια ζωμό λαχανικών
2 κουταλάκια του γλυκού τσίλι σε σκόνη
1 κουταλάκι του γλυκού κύμινο
Αλάτι και πιπέρι για να γευτείς
Οδηγίες:

Ζεσταίνουμε το ελαιόλαδο σε μια μεγάλη κατσαρόλα σε μέτρια προς δυνατή φωτιά.

Προσθέστε τα κρεμμύδια, το σκόρδο και τις πιπεριές και μαγειρέψτε μέχρι τα κρεμμύδια να γίνουν διάφανα.

Προσθέστε την γλυκοπατάτα, τις κονσέρβες ντομάτες, το ζωμό λαχανικών και τα μπαχαρικά στην κατσαρόλα και ανακατέψτε καλά.

Προσθέστε τα μαύρα φασόλια και σιγοβράστε για 25-30 λεπτά ή μέχρι να μαλακώσει η γλυκοπατάτα.

Καρικέψτε με αλάτι και πιπέρι βάσει της γεύσης σας.

94.Μοσχάρι και μπέικον τσίλι

Συστατικά:

1 κιλό μοσχαρίσιο κιμά
4 φέτες μπέικον, κομμένες σε κύβους
1 κρεμμύδι, ψιλοκομμένο
2 σκελίδες σκόρδο, ψιλοκομμένες
1 κονσέρβα φασόλια, στραγγισμένα και ξεπλυμένα
1 κονσέρβα ντομάτες σε κύβους
2 φλιτζάνια ζωμό βοδινού
2 κουταλάκια του γλυκού τσίλι σε σκόνη
1 κουταλάκι του γλυκού κύμινο
Αλάτι και πιπέρι για να γευτείς
Οδηγίες:

Μαγειρέψτε το μπέικον σε μια μεγάλη κατσαρόλα σε μέτρια προς δυνατή φωτιά μέχρι να γίνει τραγανό. Βγάζουμε από την κατσαρόλα και αφήνουμε στην άκρη.

Προσθέστε κιμά στην κατσαρόλα και μαγειρέψτε μέχρι να ροδίσει.

Προσθέστε τα κρεμμύδια και το σκόρδο και μαγειρέψτε μέχρι τα κρεμμύδια να γίνουν διάφανα.

Προσθέστε στην κατσαρόλα τις κονσέρβες ντομάτες, το ζωμό βοδινού και τα μπαχαρικά και ανακατέψτε καλά.

Προσθέστε τα φασόλια και σιγοβράστε για 20-25 λεπτά.

Καρικέψτε με αλάτι και πιπέρι βάσει της γεύσης σας. Από πάνω με τραγανό μπέικον.

95.Κολοκύθα βουτύρου και τσίλι ρεβιθιού

Συστατικά:

2 κουταλιές της σούπας ελαιόλαδο
1 κρεμμύδι, ψιλοκομμένο
2 σκελίδες σκόρδο, ψιλοκομμένες
1 κόκκινη πιπεριά, ψιλοκομμένη
1 μικρή κολοκύθα βουτύρου, ξεφλουδισμένη και κομμένη σε κύβους
1 κονσέρβα ρεβίθια, στραγγισμένα και ξεπλυμένα
1 κονσέρβα ντομάτες σε κύβους
2 φλιτζάνια ζωμό λαχανικών
2 κουταλάκια του γλυκού τσίλι σε σκόνη
1 κουταλάκι του γλυκού κύμινο
Αλάτι και πιπέρι για να γευτείς
Οδηγίες:

Ζεσταίνουμε το ελαιόλαδο σε μια μεγάλη κατσαρόλα σε μέτρια προς δυνατή φωτιά.
Προσθέστε τα κρεμμύδια, το σκόρδο και τις πιπεριές και μαγειρέψτε μέχρι τα κρεμμύδια να γίνουν διάφανα.
Προσθέστε στην κατσαρόλα το βούτυρο, τις ντομάτες σε κονσέρβα, το ζωμό λαχανικών και τα μπαχαρικά και ανακατέψτε καλά.
Προσθέστε τα ρεβίθια και σιγοβράστε για 25-30 λεπτά ή μέχρι να μαλακώσει η κολοκύθα.
Καρικέψτε με αλάτι και πιπέρι βάσει της γεύσης σας.

96.Κοτόπουλο και λευκό φασόλι τσίλι με λάιμ

Συστατικά:
1 κιλό στήθη κοτόπουλου χωρίς κόκαλα, χωρίς δέρμα, κομμένα σε κομμάτια μεγέθους μπουκιάς
1 κρεμμύδι, ψιλοκομμένο
2 σκελίδες σκόρδο, ψιλοκομμένες
1 κουτί λευκά φασόλια, στραγγισμένα και ξεπλυμένα
1 κονσέρβα ντομάτες σε κύβους
2 φλιτζάνια ζωμό κότας
Χυμός από 1 λάιμ
2 κουταλάκια του γλυκού τσίλι σε σκόνη
1 κουταλάκι του γλυκού κύμινο
Αλάτι και πιπέρι για να γευτείς
Οδηγίες:

Βράζουμε το κοτόπουλο σε μια μεγάλη κατσαρόλα σε μέτρια προς δυνατή φωτιά μέχρι να ροδίσει.

Προσθέστε τα κρεμμύδια και το σκόρδο και μαγειρέψτε μέχρι τα κρεμμύδια να γίνουν διάφανα.

Προσθέστε στην κατσαρόλα τις κονσέρβες ντομάτες, το ζωμό κοτόπουλου, το χυμό λάιμ και τα μπαχαρικά και ανακατέψτε καλά.

Προσθέστε τα λευκά φασόλια και σιγοβράστε για 20-25 λεπτά.

Καρικέψτε με αλάτι και πιπέρι βάσει της γεύσης σας.

97.Μοσχάρι και φασόλια τσίλι με μπύρα

Συστατικά:

1 κιλό μοσχαρίσιο κιμά
1 κρεμμύδι, ψιλοκομμένο
2 σκελίδες σκόρδο, ψιλοκομμένες
1 κονσέρβα φασόλια, στραγγισμένα και ξεπλυμένα
1 κονσέρβα ντομάτες σε κύβους
1 φλιτζάνι μπύρα
2 φλιτζάνια ζωμό βοδινού
2 κουταλάκια του γλυκού τσίλι σε σκόνη
1 κουταλάκι του γλυκού κύμινο
Αλάτι και πιπέρι για να γευτείς
Οδηγίες:

Μαγειρέψτε τον κιμά σε μια μεγάλη κατσαρόλα σε μέτρια προς δυνατή φωτιά μέχρι να ροδίσει.

Προσθέστε τα κρεμμύδια και το σκόρδο και μαγειρέψτε μέχρι τα κρεμμύδια να γίνουν διάφανα.

Προσθέστε στην κατσαρόλα τις κονσέρβες ντομάτες, τη μπύρα, τον ζωμό βοδινού και τα μπαχαρικά και ανακατέψτε καλά.

Προσθέστε τα φασόλια και σιγοβράστε για 20-25 λεπτά.

Καρικέψτε με αλάτι και πιπέρι βάσει της γεύσης σας.

98.Μαροκινό αρνί τσίλι

Συστατικά:

2 κιλά αρνί κιμά
2 κουταλιές της σούπας ελαιόλαδο
1 μεγάλο κρεμμύδι, ψιλοκομμένο
4 σκελίδες σκόρδο, ψιλοκομμένες
2 κόκκινες πιπεριές, ψιλοκομμένες
1 κονσέρβα (28 oz) ντομάτες κομμένες σε κύβους, χωρίς στράγγιση
2 κονσέρβες (15 oz το καθένα) ρεβίθια, στραγγισμένα και ξεπλυμένα
2 κουταλιές της σούπας πάστα χαρίσα
1 κουταλάκι του γλυκού αλεσμένη κανέλα
1/2 κουταλάκι του γλυκού αλεσμένο τζίντζερ
Αλάτι και πιπέρι για να γευτείς
Οδηγίες:

Ζεσταίνουμε το ελαιόλαδο σε μια μεγάλη κατσαρόλα σε μέτρια προς δυνατή φωτιά.

Προσθέστε το κρεμμύδι και το σκόρδο και σοτάρετε μέχρι να γίνει διάφανο το κρεμμύδι.

Προσθέστε το κιμά αρνί και μαγειρέψτε μέχρι να ροδίσει.

Προσθέστε κόκκινες πιπεριές και συνεχίστε το μαγείρεμα για 5 λεπτά.

Προσθέστε τις ντομάτες κομμένες σε κύβους, τα ρεβίθια, την πάστα χαρίσα, την κανέλα, το τζίντζερ, αλάτι και πιπέρι.

Αφήνουμε να πάρει μια βράση, στη συνέχεια χαμηλώνουμε τη φωτιά και σιγοβράζουμε για 30 λεπτά.

Σερβίρετε ζεστό και απολαύστε!

99. Irish Lamb Chili

Συστατικά:

2 κιλά αρνί κιμά
2 κουταλιές της σούπας ελαιόλαδο
1 μεγάλο κρεμμύδι, ψιλοκομμένο
4 σκελίδες σκόρδο, ψιλοκομμένες
2 κόκκινες πιπεριές, ψιλοκομμένες
1 κονσέρβα (28 oz) ντομάτες κομμένες σε κύβους, χωρίς στράγγιση
2 κονσέρβες (15 oz το καθένα) φασόλια κανελίνι, στραγγισμένα και ξεπλυμένα
1 μπουκάλι ιρλανδική δυνατή μπύρα
2 κουταλιές της σούπας πελτέ ντομάτας
1 κουταλιά της σούπας καστανή ζάχαρη
1 κουταλιά της σούπας σάλτσα Worcestershire
1 κουταλάκι του γλυκού θυμάρι ξερό
Αλάτι και πιπέρι για να γευτείς
Οδηγίες:

Ζεσταίνουμε το ελαιόλαδο σε μια μεγάλη κατσαρόλα σε μέτρια προς δυνατή φωτιά.

Προσθέστε το κρεμμύδι και το σκόρδο και σοτάρετε μέχρι να γίνει διάφανο το κρεμμύδι.

Προσθέστε το κιμά αρνί και μαγειρέψτε μέχρι να ροδίσει.

Προσθέστε κόκκινες πιπεριές και συνεχίστε το μαγείρεμα για 5 λεπτά.

Προσθέστε ντομάτες κομμένες σε κύβους, φασόλια κανελίνι, ιρλανδική δυνατή μπύρα, πάστα ντομάτας, καστανή ζάχαρη, σάλτσα Worcestershire, θυμάρι, αλάτι και πιπέρι.

Αφήνουμε να πάρει μια βράση, στη συνέχεια χαμηλώνουμε τη φωτιά και σιγοβράζουμε για 30 λεπτά.

Σερβίρετε ζεστό και απολαύστε!

100.   Σούπα φρούτων τσίλι

Συστατικά:

2 κουταλιές της σούπας ελαιόλαδο
1 μεγάλο κρεμμύδι, ψιλοκομμένο
4 σκελίδες σκόρδο, ψιλοκομμένες
1 κόκκινη πιπεριά, ψιλοκομμένη
1 πράσινη πιπεριά, ψιλοκομμένη
2 πιπεριές jalapeño, ξεσποριασμένες και ψιλοκομμένες
1 κονσέρβα (28 ουγγιές) ντομάτες κομμένες σε κύβους, χωρίς στράγγιση
4 φλιτζάνια ζωμό λαχανικών ή κοτόπουλου
1 κουταλάκι του γλυκού αλεσμένο κύμινο
1 κουταλάκι του γλυκού τσίλι σε σκόνη
1 κουταλάκι του γλυκού αποξηραμένη ρίγανη
1 κουταλάκι του γλυκού αλάτι
1/2 κουταλάκι του γλυκού μαύρο πιπέρι
2 φλιτζάνια ψιλοκομμένα ανάμεικτα φρούτα (όπως ανανά, μάνγκο και ροδάκινο)
Χυμός από 1 λάιμ
1/4 φλιτζάνι ψιλοκομμένο φρέσκο κόλιανδρο
Οδηγίες:

Ζεσταίνουμε το ελαιόλαδο σε μια μεγάλη κατσαρόλα σε μέτρια προς δυνατή φωτιά.
Προσθέστε το κρεμμύδι και το σκόρδο και σοτάρετε μέχρι να γίνει διάφανο το κρεμμύδι.
Προσθέστε κόκκινες και πράσινες πιπεριές και πιπεριές jalapeño και συνεχίστε το μαγείρεμα για 5 λεπτά.
Προσθέστε τις ντομάτες κομμένες σε κύβους, το ζωμό, το κύμινο, τη σκόνη τσίλι, τη ρίγανη, αλάτι και πιπέρι. Αφήνουμε να πάρει μια βράση, στη συνέχεια χαμηλώνουμε τη φωτιά και σιγοβράζουμε για 15 λεπτά.
Προσθέστε τα ψιλοκομμένα ανάμεικτα φρούτα, το χυμό λάιμ και τον κόλιανδρο και συνεχίστε το μαγείρεμα για άλλα 5 λεπτά.
Σερβίρετε ζεστό και απολαύστε!

ΣΥΜΠΕΡΑΣΜΑ

Ελπίζουμε ότι αυτό το βιβλίο μαγειρικής σας ενέπνευσε να εξερευνήσετε τον πλούσιο και πικάντικο κόσμο του τσίλι. Με 100 νόστιμες και μοναδικές συνταγές για να διαλέξετε, θα μπορείτε να ζεστάνετε τις γεύσεις σας και να εντυπωσιάσετε τους φίλους και την οικογένειά σας με τις γαστρονομικές σας δεξιότητες.

Αλλά αυτό το βιβλίο μαγειρικής είναι μόνο η αρχή. Σας ενθαρρύνουμε να πειραματιστείτε με νέα συστατικά και τεχνικές για να κάνετε αυτές τις συνταγές δικές σας. Το τσίλι έχει να κάνει με τολμηρές και πικάντικες γεύσεις και με λίγη δημιουργικότητα, μπορείτε να δημιουργήσετε τα δικά σας μοναδικά πιάτα που αντικατοπτρίζουν το δικό σας γούστο και στυλ.

Σας ευχαριστούμε που ήρθατε μαζί μας σε αυτό το ταξίδι για να ανακαλύψετε την τέχνη της μαγειρικής τσίλι. Ελπίζουμε ότι αυτό το βιβλίο μαγειρικής σας έχει δώσει τα εργαλεία και την έμπνευση για να δημιουργήσετε νόστιμα και γευστικά πιάτα που θα σας ζεστάνουν ακόμα και τις πιο κρύες μέρες. Καλό μαγείρεμα!.